JN112776

解説動画
▶
QRコード付き

教室熱中！
めっちゃ楽しい

算数難問
1問選択システム
4巻

中級レベル2＝小4相当編

木村重夫
溝口佳成＋湖南教育サークル八方手裏剣
編

まえがき

1　子ども熱中の難問を満載！

　本シリーズは、子どもが熱中する難問を満載した「誰でもできる難問の授業システム事典」です。みなさんは子どもが熱中する難問の授業をされたことがありますか？　算数教科書だけで子ども熱中の授業を作ることは高度な腕を必要とします。しかし、選び抜かれた難問を与えて、システムとして授業すれば、誰でも子ども熱中を体感できます。

これが「子どもが熱中する」ということなんだ！

　初めて体験する盛り上がりです。時間が来たので終わろうとしても「先生まだやりたい！」という子たち。正答を教えようとしたら「教えないで！　自分で解きたい！」と叫ぶ子たち。今まで経験したことがなかった「手応え」を感じることでしょう。

2　これまでになかった最強の難問集

　本シリーズは、かつて明治図書から発刊された「難問シリーズ」「新・難問シリーズ」から教室で効果抜群だった難問を選び抜いて再編集しました。

　新しい難問も加えました。すべて子どもの事実を通しました。本シリーズは「最強の難問集」と言えるでしょう。

　さらに、新学習指導要領に対応させた、本シリーズの目玉がこれです。

新学習指導要領に対応！「デジタル新時代に対応する難問」 　(1) 論理的思考を鍛える問題10問 　(2) プログラミング的思考問題10問 　(3) データの活用力問題10問 　(4) 読解力を鍛える問題10問

　プログラミング学習やデータ読解力など、新学習指導要領に対応した難問を開発しました。最新の課題に対応させた難問です。子どもたちの新しい力を引き出してください。さらにスペシャルな付録をつけました。

教科書よりちょっぴり難しい「ちょいムズ問題」

　すでに学習した内容から、教科書と同じまたはちょっぴり難しいレベルの問題をズラーッと集めました。教科書の総復習としても使えます。20問の中から５問コース・10問コース・全問コースなどと自分のペースで好きな問題を選んで解きます。１問１問は比較的簡単ですが、それがたくさん並んでいるから集中します。

3　デジタル時代に対応！　よくわかる動画で解説

　本シリーズ編集でとくに力を注いだのが「解説動画」です。

　ぜひ動画をごらんになってください。各ページに印刷されているQRコードからYouTubeの動画にすぐにアクセスできます。問題を解くポイントを音声で解説しながら、わかりやすい動画で解説します。授業される先生にとって「教え方の参考」になるでしょう。教室で動画を映せば子

どもたち向けのよくわかる解説になります。また、新型コロナ等による在宅学習でもきっと役立つことでしょう。なお、動画はすべての問題ではなく、5問中とくに難しい問題につけました。

動画のマスコット「ライオンくん」▶
（イラスト作成・山戸　麦さん）

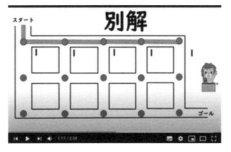

4　難問がつくる教室のドラマ

難問の授業で起きた教室のドラマです。

> ふだん勉強が得意な子が間違えて、苦手な子が解けた。

「3を7で割ったとき、小数第100位はいくつか」という難問があります。勉強が得意な子がひらめきで解いたのですがウッカリミスがあってバツが続きました。勉強が苦手な子が家に帰って大きな紙に小数第100位まで筆算を書きました。その子は正解でした。時間はかかりましたが地道に取り組んだ子が正解しました。勉強が得意な子が間違え、苦手な子が正解したのです。これを「逆転現象」と言います。子どもたちは驚きました。子どもの中にある「できる子」「できない子」という固定観念はこうした事実で崩れていきます。

　本シリーズを活用して、「熱中する授業」をつくってください。たくさんのドラマに出会ってください。腹の底までズシンと響く確かな「手応え」を感じていただけたら、と思います。

木村重夫

シリーズの活用方法

1 授業したいページを選ぶ

このシリーズの基本的な活用方法（ユースウェア）を紹介します。

まず、子どもに授業したい見開き2ページを選びます。初めて難問に出会う子どもたちの実態を考えて、1〜2学年下のレベルの難問を与えることもよいでしょう。5問を1枚に印刷します。人数分プラス余分に印刷しておくと「家でやりたい！」という子たちに与えることができます。

2 子どもに説明する

初めて子どもに説明するときの教師の言葉です。

①とっても難しい問題です。「難問」と言います。難問5問のうち、どの問題でもいいですから1問だけ選んで解きましょう。
②1問解けたら100点です。（子ども）たった1問？
③2問目をどうしても解きたい人は解いてもかまいませんが、もしも正解しても、
　【板書】100点＋100点＝100点です。（子ども）ええ!?
④もしも2問目を間違えたときは、
　【板書】100点＋0点＝0点です。（子ども）えええええ!?
⑤先生が5問読みます。1問選んでください。（教師が読んでやらないと全体を見ないで1問目に飛びつく子がいます。）
⑥どの問題に挑戦したいですか。ちょっと聞いてみよう。1番、2番、3番、4番、5番。（クラスの傾向をつかみます。）どの問題でも100点に変わりありません。解けなかったら別の問題に変えてもかまいません。
⑦できたら持っていらっしゃい。用意、始め！

3 教えないで×をつける

解いた子が持って来ます。教師は○か×だけつけます。「×」に抵抗がありそうな子には「✔」でもかまいません。このときのポイントはこれです。

解き方や答えを教えない。

「おしいなあ。（×）」「いい線いっているけど…×」「なるほど！こうやったのか。でも×だな。」「がんばったねえ。（×）」「これは高級な間違いだな。」
など、にこやかに一声かけつつも×をつけます。解き方や答えは教えません。

×をつけられた子は「ええー？」と言いながら席にもどり、再び挑戦します。

何度も何度も挑戦させます。教師が解説してしまったら、子どもが自力で解いて「やったあ！」と喜ぶ瞬間を奪うことになります。

4 挑発するといっそう盛り上がる

難問の授業を盛り上げる手立てがあります。「挑発する」ことです。
「みんなできないようだから、答えを教えましょうか。」
「もう降参ですね？」笑顔で挑発します
「待ってー！」「答えを言わないで。」「自分で解きます！」「絶対降参なんかしない！」子どもたちは絶叫します。教室がますます盛り上がります。

⑤ 答え合わせは工夫して。解説動画が役立ちます

　答えをすぐに教えないことが基本です。家で解いてきた子がいたらたくさんほめましょう。解き方や答えを確認する方法はいくつかあります。子どもの実態や時間を考慮して先生が工夫してください。

　A　解けた子に黒板に書かせ、説明させる。
　B　解いた子の解答用紙を教室に掲示する。
　C　教師が板書して簡単に解説する。
　D　本書の解説・解答ページをコピーして掲示する。
　E　本書の「解説動画」を見せる。（実にわかりやすい動画です。解説ページにあるQRコードからアクセスしてください。）

⑥ デジタル難問、ちょいムズ問題で新しい挑戦を！

　「デジタル難問」は、先生が選んだ問題を必要に応じて与えてください。例えばプログラミング学習をした後に発展として取り上げることも効果的です。

　「ちょいムズ問題」を自習に出すとシーンとなります。学期末や学年末のまとめとしても使えます。5問コース、10問コース、全問コースを決め、問題を自分で選ばせます。個人差に応じた問題数で挑戦できます。「できる」「できる」の連続で達成感を持てるでしょう。

⑦ 「算数難問、大人気」「奇跡のようでした」

　西日本の小学校特別支援学級の先生から届いた難問授業レポートです。

　最初は「わからない」とシーンとした時間が続いた。しかし、最初に男子が1問正解した。「A君、合格しました！」「おお、すごいねー！」わーっと拍手が起きた。

　またしばらくすると、今度はB子が合格した。B子にも友達から温かい拍手が送られた。彼女のプリントを見ると、あちこちに筆算が残されていた。

　1つ1つ地道に計算しながら答えにたどり着いたことがわかった。

　この辺りから一気に火がついた。休み時間になっても「まだやりたいです！」とやめようとしない子が続出した。

　なんとC男もやり始めた。最初は「どうせわからん」と言っていたが、のめり込んでいった。もちろん一人では解けないので私の所にやって来た。

　以前は間違えること、失敗することが嫌で何もやろうとしなかったことを考えれば、難問に挑戦し、何度も何度も×をもらっているのは奇跡のようだった。

　「こんな難しい問題に挑戦しているのがえらいよ。」

　「失敗してもへっちゃらになってきたな。前よりも心が強くなったな。」

　「×がついてもちゃんと正答に近づいていくでしょ？」

　問題を解いたことではなく、挑戦したことに価値があるのだ。

　難問によって「あきらめない子」「何度も挑戦する子」が生まれ、配慮を要する子が「失敗を受け入れ」「奇跡のようだ」という嬉しい報告です。

　あなたのクラスの子どもたちにも「難問に挑戦する楽しさ」をぜひ味わわせてください。

2020年10月

木村重夫

4年　難問の授業モデル／活用のヒント

1．難問に興味を持たせる

　通常、難問は5問載っているプリントを子ども達に渡して取り組ませるのですが、初めて「難問」に取り組む場合、1問だけ取り上げて扱う方法もあります。その中で、私のお勧めするのは以下の問題です。

$$4 \quad 4 \quad 4 \quad 4 = \square$$

　4の間に、（　）、＋、－、×、÷を自由に入れて、答えが0～10になるように式を完成させなさい。

　「フォーフォーズ（4つの4）」と呼ばれる、100年以上昔からある難問です。「式と計算」の単元で、加減乗除の順番を習った後、まとめの時間などを利用して行います。

　この問題の一番のお勧めする理由は、「1つの難問なのに、難問5問と同じように問題選択ができる」ということです。0～10まで、自分の好きな数字から始めることができます。そしてそれぞれで、難易度が変わってきます。

　例えば、一番簡単なものなら $4-4+4-4=0$ で、1つ完成します。
$4+4-4-4=0$ もありますし、$4÷4-4÷4=0$ も考えられます。

　適当に＋－×÷を入れても、1つは完成します。なので、どんな子でも〇をもらうことができます。そしてそこから1つ記号を変えるだけで、ちがう答えが出てきます。子ども達は、次々にノートに〇をもらいに来ることができます。難問だけれども、簡単に〇を手に入れることができるので、次々と問題を解いていきます。

$$4+4-4-4=0$$
$$4÷4+4-4=1$$
$$4÷4+4÷4=2$$
$$(4+4+4)÷4=3$$
$$(4-4)×4+4=4$$
$$(4×4+4)÷4=5$$
$$(4+4)÷4+4=6$$
$$(4+4)-4÷4=7$$
$$4+4+4-4=8$$
$$(4+4)+4÷4=9$$

　教師はあらかじめ、黒板に0～10までの数字を書いておきます。

　そのうえで、
「解けたものには、黒板の数字の下に自分の名前を書きなさい」と子ども達に伝えておきます。子ども達は、自分が解いた証として、黒板に名を残します。名前を書くことが、達成感につながっているのです。

　そのうち、まだだれも解けていない数字があることにみんなが気付きます。だれがその式を完成させるか、こぞって挑戦していきます。

　この問題で一番難しい問題は何か。それは、答えが10になる式です。これは、6年生に出しても時間内に出てこないこともありました。出てこなくても答えは簡単に教えません。熱中した子ども達は、家でも一生懸命に考えてきます。答えはこちらです。

$$(4 \quad 4-4)÷4=10$$

　全ての4の間に何らかの記号を入れなければならないわけではなく、4を2つ合わせて、「44」と考えさせるところが、この難問のポイントです。計算力の高い子ではなく、柔軟に物事をとらえられる子が正解を導きやすく、逆転現象が起こりやすいです。

私は過去に、この問題を担任不在時の補教で扱ったことがあります。落ち着きのない子が多数いたクラスでしたが、全員がこの問題に熱中しました。最後に10の答えが出てきたときは歓声に包まれました。難問は、出会いの瞬間から子ども達を引き込む可能性を秘めています。

2．難問のプリントに取り組む

　難問がどんなものなのかをつかんだ次のステップは、いよいよ５問選択のプリントです。毎回、45分の授業の中で使わせる必要はなく、授業が早く終わった時などに行います。ただし、あまりに取り組み時間が短いと答えが出ずに消化不良のまま終わってしまうこともあります。最低15～20分ほどは時間を確保したいところです。おすすめの取り組みのタイミングは以下の２つです。

　１、算数の学習で、早くに学習が終わった残り時間
　２、テストが終わった残り時間

　ちなみに、難問No.１～５については、３年生までで習う内容を中心に問題を作っていますので、４月の初めから取り組むことが可能です。

　また、単元の発展的な学習の一環として１問だけ取り組ませることもできます。４年生の単元とそれに対応した問題を以下に示すので、よろしければ参考にしてください。

折れ線グラフと表	データの活用2、3、10
割り算の筆算	プログラミング-5
角度	16-4
大きな数	7-3
式と計算	11-5
がい数	11-1
２けたでわるわり算	14-1　15-3
変わり方	10-1　11-3　16-5　18-5
小数	13-3
面積	8-5　9-3　20-4
直方体と立方体	6-5　7-5　8-3　9-5　11-2　12-5　14-2　17-3　19-4

湖南教育サークル八方手裏剣　　**溝口佳成**

目　次

※印の問題＝解説動画付き

I 教室熱中！中級レベル難問集2
小4相当編
（問題／解答と解説）

II デジタル時代の新難問
小4相当編　（問題／解答と解説）

III ちょいムズ問題
小4相当編　（問題／解答と解説）

● 出題＝木村重夫

難問 No.1

★問題が5問あります。1問だけ選んでときましょう。

1　下のマスはあるきまりで数を表しています。では，12を表すにはどのようにしたらよいですか。●を書き入れましょう。

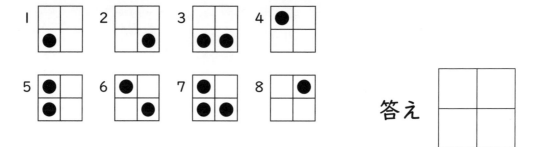

答え

2　スタートからゴールまで，最も近い道を通る行き方は何通りありますか。

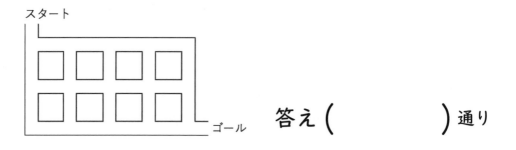

スタート

ゴール

答え（　　　　　　）通り

3　夜中の12時からお昼の12時までの間に，長いはりと短いはりで作る角度が3時や9時のように直角（90度）になるのは，全部で何回ありますか。

答え（　　　　　　）回

名前（　　　　　　　　　　　　　）

4　円に直線を3本ひいて，いくつかに分けます。下の図のように，6つに分ける分け方がありますが，他に，4つ・5つ・7つに分ける分け方を書いてみましょう。

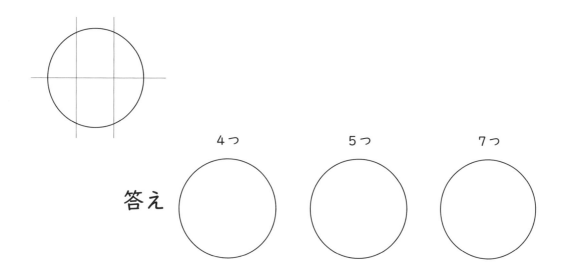

答え

5　時こくを表すデジタル時計があります。下の例のように，時こくを表すには，数字が4つならびます。4つの数字のうち「1」が3こ出てくる時こくは1日に何回ありますか。

答え（　　　　　）回

1 答え **12**

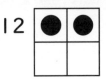

　左下が1，右下が2，左上が4，右上が8を表す。12＝8＋4なので，右上と左上に●があるものが正解となる。ちなみに9，10，11は以下のようになる。

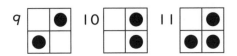

2 答え　**15通り**

　図の数字は，その交差点に到着するまで何通りあるかを示している。スタートから真横と真下の交差点は一直線にしか進めないから1通り。それ以外の交差点は上と左の交差点の和になる。最終的に右下のゴールに到着するには15通り出てくる。

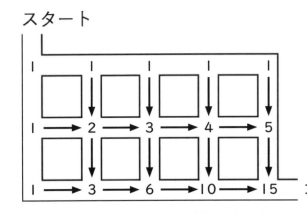

動画解説

◀解説動画

3 答え　**22回　下図の通り**

出題＝福澤真太郎・前島哲治・正木恵子・山崎　風・小林大輔

選＝若井貴裕（編集チーム）

4　答え　右図の通り

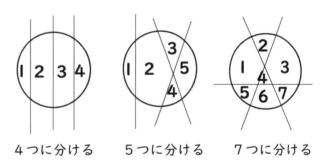

4つに分ける　　5つに分ける　　7つに分ける

5　答え　25回

　1が3つそろうのは11分のときと，11時のとき。

　11分で3つそろうのが1時，10時，12時，13時，14時，15時，16時，17時，18時，19時，21時の11回。

　11時で3つそろうのが1分，10分，12分，13分，14分，15分，16分，17分，18分，19分，21分，31分，41分，51分の14回。

　合計25回。

【引用文献】
福澤真太郎1『向山型算数教え方教室』2007年3月号 P.70（明治図書）
前島哲治2『向山型算数教え方教室』2004年11月号 P.72（明治図書）
正木恵子3『向山型算数教え方教室』2001年3月号 P.68（明治図書）
山崎　風4『算数教科書教え方教室』2014年3月号 P.82（明治図書）
小林大輔5『向山型算数教え方教室』2008年3月号 P.70（明治図書）

★問題が5問あります。1問だけ選んでときましょう。

1　2でわっても，3でわっても，4でわっても，1あまる数の中で一番小さいものは何ですか。

答え（　　　　　　）

2　下の4枚のカードを並べて，4けたの数を作ります。一番大きい数は「9752」で，一番小さい数は「2579」です。では，2番目に大きい数と2番目に小さい数をたすと，いくつになりますか。

| 2 | 5 | 7 | 9 |

答え（　　　　　　）

3　鏡に時計がうつっています。どれだけ遊んだことになりますか。ヒント：遊んでいたのは午後だけです。

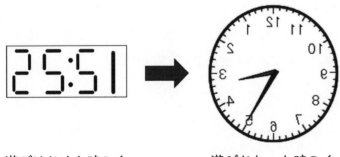

遊びはじめた時こく　　　　遊びおわった時こく

答え（　　　　　　）

名前 （　　　　　　　　　　　　　）

4　直径が48㎝の大きな円の中に，一番小さな円が4つきっちりと
ならんでいます。一番小さな円の半径は何㎝ですか。

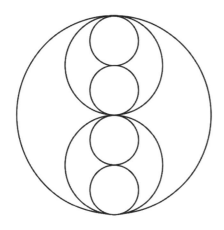

答え（　　　　　　　　）㎝

5　下の図の中に三角形は何こありますか。

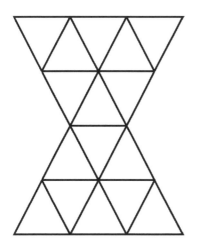

答え（　　　　　　　）こ

解答と解説 No.2

1 答え 13

2でも3でも4でも割り切れる数は，12。
1あまる数を求めるので，12に1を足して13となる。

2 答え 12322

2番目に大きい数は9725。
2番目に小さい数は2597。
よって，9725+2597=12322

3 答え 3時間

本物の時計は以下の通り。
12時25分から15時25分まで遊んだのだから，3時間遊んだことになる。

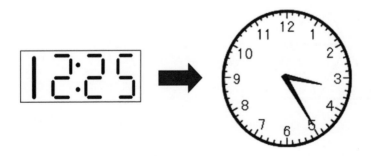

出題＝中地　強・前冨里英光・柳田善信・林　健広・野口　澄

選＝若井貴裕（編集チーム）

4　答え　6㎝

一番大きい円の直径が48cmなので，

2番目に大きな円の直径が，48÷2＝24㎝

一番小さな円の直径が，24÷2＝12㎝となる。

よって，一番小さな円の半径は12÷2＝6㎝である。

5　答え　24こ

上向きの三角形と下向きの三角形が同じ数あるから，

上向きの三角形の数だけ数えて2倍すればよい。

各辺が1の小さな三角形（①）が8個。

各辺が2の中くらいの三角形（②）が3個。

各辺が3の大きな三角形（③）が1個。

合計12個。

下向きの三角形も同じ数だけあるので2倍して24個。

◀解説動画

①
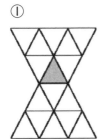

②

③
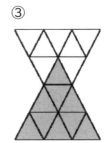

【引用文献】
中地　強[1]『向山型算数教え方教室』2003年5月号 P.72（明治図書）
前冨里英光[2]『向山型算数教え方教室』2007年5月号 P.70（明治図書）
柳田善信[3]『向山型算数教え方教室』2009年8月号 P.70（明治図書）
林　健広[4]『向山型算数教え方教室』2005年2月号 P.70（明治図書）
野口　澄[5]『向山型算数教え方教室』2003年7月号 P.72（明治図書）

★問題が5問あります。1問だけ選んでときましょう。

1　大きいおもりの重さは，小さいおもりの重さの2倍です。大きいおもりと小さいおもりの重さはそれぞれ何gですか。

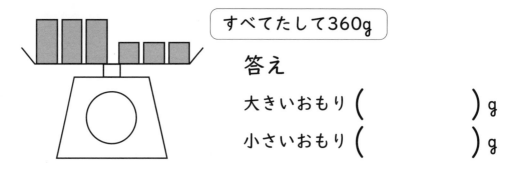

すべてたして360g

答え

大きいおもり（　　　　　　　）g

小さいおもり（　　　　　　　）g

2　1こ30円のあめと50円のチョコレートを合わせて8こ買って，ちょうど300円にしたいと思います。それぞれ何こ買えばいいですか。

答え　あめ（　　　　　）こ　チョコレート（　　　　　）こ

3　□の中に0，1，2，6，7，8，9の数を1つずつ入れ，次の筆算を完成させましょう。

答え

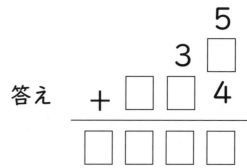

名前 （   ）

4 下の九九表にある数字をすべてたしましょう。

1	2	3	4	5	6	7	8	9
2	4	6	8	10	12	14	16	18
3	6	9	12	15	18	21	24	27
4	8	12	16	20	24	28	32	36
5	10	15	20	25	30	35	40	45
6	12	18	24	30	36	42	48	54
7	14	21	28	35	42	49	56	63
8	16	24	32	40	48	56	64	72
9	18	27	36	45	54	63	72	81

答え （   ）

5 次の円はどれも直径8㎝の円です。アからイまでの線の
長さは何㎝ですか。

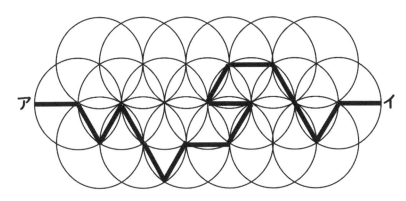

答え （   ） ㎝

1 答え　大きいおもり 80g　小さいおもり 40g

　　大きいおもりは小さいおもり2つ分。大きいおもり3つ分は，小さいおもり6つ分と考えることができる。

　　だから，器に入っているのは，小さいおもり9つ分と同じである。

　　全体で360gなので，小さいおもりの重さは360÷9＝40g

　　大きいおもりは小さいおもり2つ分なので，40×2＝80g。

2 答え　あめが5こ　チョコレートが3こ

　　すべてあめの場合，30円×8＝240円。あと60円あまる。

　　あめとチョコレートの違いは50－30＝20円であり，

　　60÷20＝3で　60円は20円の3つ分なので，

　　あめ3つをチョコレートに変える。あめの数は，8－3＝5となる。

3 答え

　　3つの数のうち3桁の数は1つだけだが，答えは4桁になっている。ということは，繰り上がりによって桁が増えたと考えられるので，千の位の答えは「1」。

　　3桁の数の百の位も「9」が入ることが分かる。そこからたどっていくと答えが出る。

◀解説動画

$$
\begin{array}{r}
5 \\
37 \\
+\ 984 \\
\hline
1026
\end{array}
$$

選＝若井貴裕（編集チーム）

④　答え　2025

　1の段の答えをすべてたすと，

　1＋2＋3＋4＋5＋6＋7＋8＋9＝45となる。

　2の段の和は45が2つ分，3の段の和は45が3つ分・・・となるので，

1～9の段は，

　45が（1＋2＋・・・・＋9）＝45個あるということになる。

　45×45＝2025　答えは2025となる。

⑤　答え　60㎝

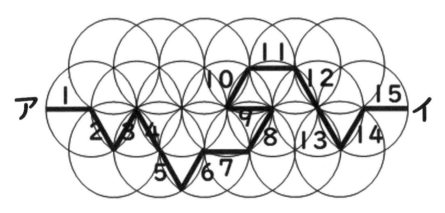

直径8㎝なので，半径は4㎝となる。

半径が15本分あるので，4×15＝60　アからイまで60㎝となる。

【引用文献】
小峯　学① 『向山型算数教え方教室』2009年3月号 P.70（明治図書）
坪田耕三② 『算数のしくみ大事典』P.173（新潮社）
小林克則③ 『向山型算数教え方教室』2000年10月号 P.68（明治図書）
中山和明④ 『向山型算数教え方教室』2002年5月号 P.72（明治図書）
小池哲也⑤ 『教室熱中！難問1問選択システム』4年 P.62（明治図書）

難問 No.4

★問題が5問あります。1問だけ選んでときましょう。

1　50チームでトーナメントをすると，試合数は何試合になりますか。

答え（　　　　　　　）試合

2　サルの親子と，犬とネコがいます。サルの子どもは，ネコと同じ重さです。犬はサルの親子よりも9kg軽いです。ネコはサルの親子よりも15kg軽いです。犬とネコの重さをたすと，18kgになります。サルの親の重さは何kgになりますか。

答え（　　　　　　　）kg

3　たける君は8さいで，妹のはるかちゃんは6さいです。お母さんは34さいです。あと何年かたつと，2人の子どもの年れいの合計の2倍が，お母さんの年と同じになるそうです。
　それは何年後のことですか。

答え（　　　　　　　）年後

名前（　　　　　　　　　　　　）

4 下の図の中に，三角形は全部で何こありますか。

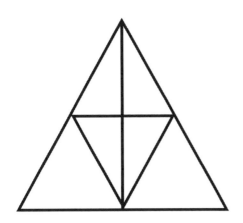

答え（　　　　　　　）こ

5 下の図の中から，①～④の形を選んで（　）に記号を書きなさい。

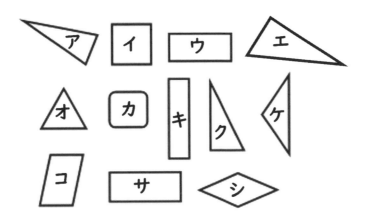

答え
①長方形（　　　　　　　）　②正方形（　　　　　　　　）
③直角三角形（　　　　　　）　④二等辺三角形（　　　　　　）

解答と解説 No.4

1 　答え　49試合

　優勝を1チーム決めるということは，負けるチームを49チーム決めるということである。トーナメントでは1試合ごとに1チーム負けるので，50－1=49試合　となる。

2 　答え　15kg

　すべての数を扱う必要はない。サルの子どもとネコが同じ重さで，サルの親子とネコの重さのちがいが15kgなのだから，サルの親の重さは15kgだとすぐ分かる。

3 　答え　2年後

　□年後の3人の年齢を考えると，たける君は8＋□歳，はるかちゃんは6＋□歳，お母さんは34＋□歳である。たける君とはるかちゃんの年齢の合計は，

（8＋□）＋（6＋□）＝□×2＋14。

　2人の合計の2倍は，□×4＋28

　これがお母さんの年齢と同じになる。

　□×4＋28＝34＋□　　同じものを消すと，

　　　□×3＝6

　　　　□＝2　となる。

出題＝西田裕之・河田祥司・上野富美夫・小﨑祐一・福岡美智雪

選＝若井貴裕（編集チーム）

4 　答え　13こ

以下の種類の三角形がある。

◀解説動画

　　　　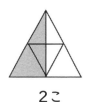

　　4こ　　　　1こ　　　　4こ　　　　2こ　　　　2こ

5 　答え
　①長方形　　　　（ウ，キ，サ）
　②正方形　　　　（イ　　　　）
　③直角三角形　　（エ，ク　　）
　④二等辺三角形（ア，ケ　　　）

【引用文献】
西田裕之1『向山型算数教え方教室』2001 年 11 月号 P.72（明治図書）
河田祥司2『向山型算数教え方教室』2007 年 8 月号 P.70（明治図書）
上野富美夫3『算数パズル事典』P.62（東京堂出版）
小﨑祐一4『向山型算数教え方教室』2008 年 8 月号 P.70（明治図書）
福岡美智雪5『向山型算数教え方教室』2000 年 11 月号 P.68（明治図書）

★問題が5問あります。1問だけ選んでときましょう。

1　男の子がお母さんにおこづかいをねだりました。
　　1日目は1円，2日目は2円，3日目は4円，4日目は8円・・・・
　と，1日前の倍のお金をもらいます。
　　20日目のおこづかいは，いくらになるでしょう。

答え（　　　　　　　　　）円

2　あきこさんの家はお父さんお母さん，あきこさん，妹，弟の5人家族です。車で出かけました。前は運転席と助手席で，後ろに3人すわれます。運転できるのはお父さんとお母さんです。
　　何通りのすわり方がありますか。

答え（　　　　　　）通り

3　次の計算の◇△○▽□にあてはまる数字を求めなさい。記号の中にはすべてちがう数字が入ります。

```
  6930
-◇△○▽
───────
 □□□□
```

答え　◇（　　　　）
　　　△（　　　　）
　　　○（　　　　）
　　　▽（　　　　）
　　　□（　　　　）

名前（　　　　　　　　　　　　　）

4　図のように３つに重ねたサイコロがあります。サイコロ同士が重なって見えない面の目の合計はいくつになりますか。一番下のサイコロの重なっていない面は「６」とします。

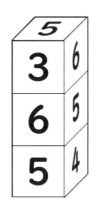

答え（　　　　　）

5　下の図のように・がたてに８こ、横に８こならんでいます。これらの点をつないでアイを一辺とする二等辺三角形はいくつできますか。

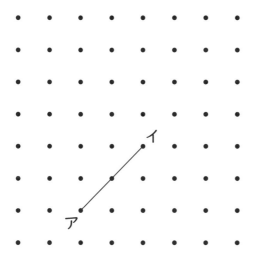

答え（　　　　　）

1 答え　524288円

　　お金が前の日の倍になるので，20日目には，2を19回かけ合わせた数
になる。

1日 2日‥‥‥‥‥‥‥‥‥‥‥‥‥‥‥‥‥‥‥‥‥‥‥‥‥‥‥‥‥‥‥‥19日 20日
1×2×2×2×2×2×2×2×2×2×2×2×2×2×2×2×2×2×2
＝524288

2 答え　48通り

　　お父さんが運転席の場合，
　　お母さんが助手席か後ろ3席のどこかで4通り。
　　明子さんがそれ以外の3通り。
　　妹がそれ以外の2通り。
　　弟が残った席で1通り。
　　合計　4×3×2×1＝24(通り)
　　お母さんが運転席の場合も同じなので，2倍して48通り。

3 答え　◇(4) △(7) ○(0) ▽(8) □(2)

　　答えに入る可能性のあるものは，
1111・2222・3333・4444・5555
の5種類。
　（引く数が4けたなので，6666は入らない）
この5種類の答えになる◇△○▽は，1375，
2486，3597，4708，5819だが，
□と重ならないのは4708のみ。

$$
\begin{array}{r}
6930 \\
-4708 \\
\hline
2222
\end{array}
$$

選＝若井貴裕（編集チーム）

4　答え　10

サイコロは向かい合う面をたすと7になる。
サイコロが3つあるので7×3＝21
上のサイコロの見えている面が5で,
下のサイコロの重なっていない面が6なので,
21−5−6＝10

◀解説動画

5　答え　6通り

アイを底辺とする場合→3通り　　　アイが底辺でない場合→3通り

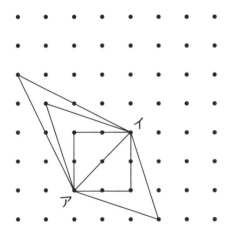

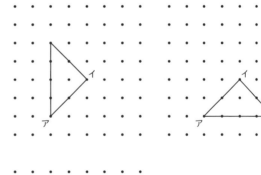

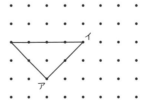

【引用文献】
喜屋武仁①『教室熱中！難問1問選択システム』4年 P.94（明治図書）
小貫義智②『教室熱中！難問1問選択システム』4年 P.102（明治図書）
佐々木伸也③『向山型算数教え方教室』2006年10月号 P.70（明治図書）
刀祢敬則④『授業で使える新難問・良問＝5題1問選択システム』4年 P.106（明治図書）
松井靖国⑤『教室熱中！難問1問選択システム』4年 P.17（明治図書）

難問 No.6

★問題が5問あります。1問だけ選んでときましょう。

1　兄のあきら君と弟のたけし君のさいふには，それぞれ下のようにお金が入っていました。2人の金がくが同じになるためには，それぞれのさいふから何円，相手にわたせばよいですか。

①	①	①	①	①	⑤
⑩	⑩⓪	⑩⓪	⑤⓪⓪	あきら	

⑩	⑩	⑩	㊿	㊿	⑩⓪
⑩⓪	⑤⓪⓪			たけし	

答え

あきらが（　　　　　）円，たけしが（　　　　　）円相手にわたす。

2　次の記号は，ある数字を表しています。計算が成り立つように□，○，△の数字を求めましょう。

□＝○＋○＋○

□＋□＋□＝△＋△

△＝6＋□

答え　□（　　　　）
　　　　○（　　　　）
　　　　△（　　　　）

3　小町算（1から9までの数字を1つずつ使い，その順番のままで，間に＋－を入れて，答えを100にする。）を完成させましょう。

①123（　）45（　）67（　）89＝100

②98（　）76（　）54（　）3（　）21＝100

34

名前（　　　　　　　　　　　　　　　）

4 ビンとカンがこうごにならんでおいてあります。となり合う2本を入れ替えてビンとカンのグループにわけます。これは3回でできます。動かし方を書きましょう。

【はじめ】

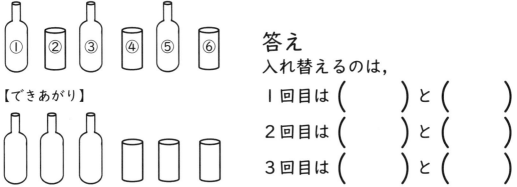

答え
入れ替えるのは,

1回目は（　　　）と（　　　）

2回目は（　　　）と（　　　）

3回目は（　　　）と（　　　）

【できあがり】

5 次の図を，サイコロの展開図が7つできるように分けましょう。

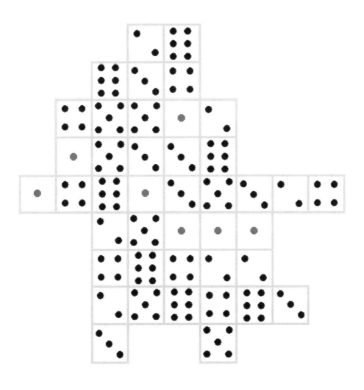

1 答え　あきらが5円，たけしが60円わたす。

あきらが720円，たけしが830円もっているので，平均は775円。
たけしが55円を渡せばよいが，ちょうどの金額がないので，
60円渡して，おつりとして5円もらう。

2 答え　□(12)　○(4)　△(18)

△=6+□を2つ目の式に当てはめると，
□+□+□=△+△
□+□+□=(6+□)+(6+□)
□+□+□=□+□+12
　　□=12　　なので，
　△=6+12=18
　□=○+○+○
12=○+○+○
　○=4

3 答え
①123(-)45(-)67(+)89=100
②98(-)76(+)54(+)3(+)21=100

①の場合，すべて「+」と考えると，123+45+67+89=324
324-100=224で，224もオーバーしてしまう。

例えば+45を-45に変えた場合，最後の数は90変わってしまうので，
224÷2=112で，112の数の分だけマイナスにすればよい。

足して112になる組み合わせは，45と67なので，この2つの数字をマイナスにすればよい。

しらみつぶしに探しても，求めることができる。

出題＝賀本俊教・石川裕美・高橋恒久・伊藤佳之

選＝若井貴裕（編集チーム）

4 答え　1回目（②）と（③）
　　　　2回目（④）と（⑤）
　　　　3回目（②）と（⑤）

※1回目と2回目は逆でもよい。

動画解説
◀解説動画

5 答え

【引用文献】
賀本俊教①『向山型算数教え方教室』2002年1月号 P.72（明治図書）
石川裕美②『教室熱中！難問1問選択システム』4年 P.14（明治図書）
高橋恒久③『単元別難問18』P.78
伊藤佳之④『教室熱中！難問1問選択システム』4年 P.98（明治図書）
⑤『理系脳をきたえる Newton ライト　さんすうパズル図形編』P.61（ニュートンプレス）

難問
No.7

★問題が5問あります。1問だけ選んでときましょう。

1 つくえの上に，5分計，7分計の2つのすな時計があります。どのようにしたら3分間が計れますか。

答え

2 21まいのタイルを下のようにならべました。このまわりにもう一回りタイルをはります。あと，何まいタイルがいりますか。

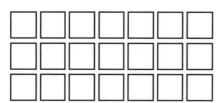

答え（　　　　　）まい

3 0から9までの10この数字をどれも1回ずつ使って整数を作るとき，大きいほうから数えて5番目の数は何ですか。

答え（　　　　　　　　　　）

名前（　　　　　　　　　　　　　　　）

4　下の図のような長方形の紙に，2回はさみを入れて紙を切ります。そして，切った紙を組み合わせて正方形を作ります。どこを切ったか一目で分かるように下の図にかき込みましょう。（ただしうら返してはいけません）

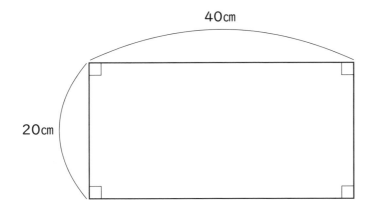

5　箱を組み立てた時，見取図のように，たてに「算数」と読めるようにするには，「数」の字をどの面にどのような向きで書けばよいですか。

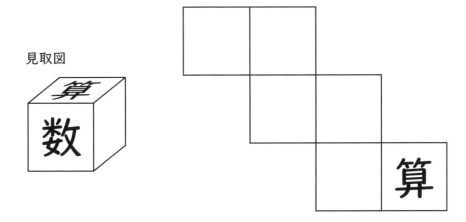

見取図

1 答え

　　5分計と7分計を同時にスタートさせる。5分計のすながすべて落ちたときに，5分計を再度スタートさせる。そうすると2分後に7分計のすながすべて落ちるので，そこから5分計のすながすべて落ちるまでが3分になる。

2 答え　24まい

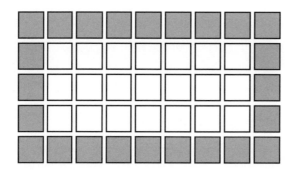

2 答え　9876543021

9876543210
9876543201
9876543120
9876543102
9876543021
9876543012

選＝若井貴裕（編集チーム）

4 答え

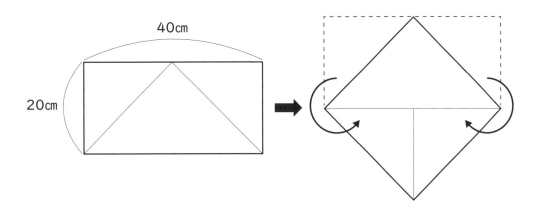

5 答え

動画解説

◀解説動画

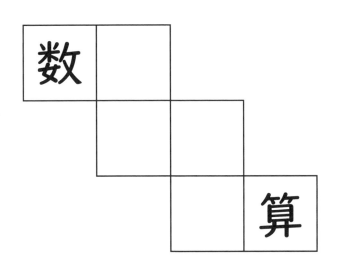

【引用文献】
野池徹哉①『向山型算数教え方教室』2003 年 1 月号 P.72（明治図書）
山田　淳②『向山型算数教え方教室』2002 年 10 月号 P.72（明治図書）
高橋恒久③『教室熱中！難問 1 問選択システム』4 年 P.82（明治図書）
小林大輔④『向山型算数教え方教室』2008 年 3 月号 P.70（明治図書）
河野健一⑤『授業で使える新難問・良問＝5 題 1 問選択システム』4 年 P.102（明治図書）

難問
No.8

★問題が5問あります。1問だけ選んでときましょう。

1 3年生は2年生の2倍，2年生は1年生の2倍の数だけ花かざり
を作ります。花かざりをぜんぶで917こ作るとすると，それぞれ
の学年はなんこ作ることになりますか。

答え　1年生 (　　　　　) こ

2年生 (　　　　　) こ

3年生 (　　　　　) こ

2 大・中・小の3つのお皿を買いました。小のお皿から順に，
400円ずつ高いねだんがついていました。3つのお皿を全部買っ
たとき，5000円出して500円のおつりをもらいました。
この時の，小のお皿のねだんはいくらですか。

答え (　　　　　) 円

3 サイコロを切り開いたら，下の図のようになりました。サイコ
ロの目をうめなさい。

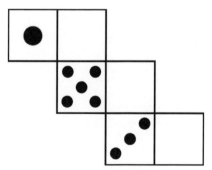

4 消しゴム３ことビー玉１こには，おはじき15ことつりあいます。
　消しゴム２こは，おはじき６ことつりあいます。
　　ビー玉１こには，おはじき何ことつりあいますか。

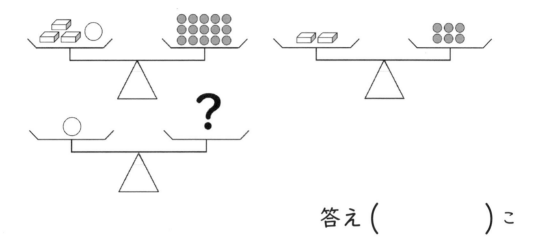

　　　　　　　　　　　　　　答え（　　　　　　）こ

5 畑の中に折れ曲がった道が通っています。畑の面積を求めましょう。

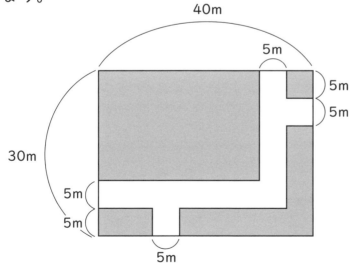

　　　　　　　　　　　　　　答え（　　　　　　）㎡

1 答え　1年生 131こ　2年生 262こ　3年生 524こ

2年生は1年生の2倍，3年生は2年生の2倍だから1年生の4倍である。

1年生2年生3年生の3つの学年を合わせると，

1＋2＋4＝7で，1年生の7倍分の量になる。

917÷7＝131　　1年生は131個

131×2＝262　　2年生は262個

131×4＝524　　3年生は524個作ることになる。

2 答え　1100円

5000円出してお釣りが500円なのだから，

3枚のお皿の値段の合計は5000－500＝4500

400円ずつ値段が違うのだから，中のお皿の値段を□円とすると，大の
お皿は□＋400円，小のお皿は□－400円となる。

(□－400)＋□＋(□＋400)＝4500

□＋□＋□＝4500

□＝1500

小のお皿は，□－400円なので，1500－400＝1100円となる。

3 答え

向かい合う面の目の数が
合計して7になるようにする。

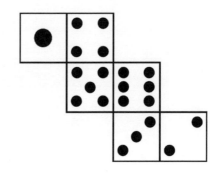

動画解説

◀解説動画

選＝若井貴裕（編集チーム）

4 **答え　6こ**

消しゴム2こは，おはじき6こと釣り合うので，
消しゴム1には，おはじき3こと釣り合う。

消しゴム3こは，おはじき9こと釣り合うので，
消しゴム3ことビー玉1こが，おはじき15こと釣り合うと
いうことは，15－9＝6で，
ビー玉1こには，おはじき6こと釣り合う。

5 **答え　875㎡**

道（白い部分）を動かして，
右図のようにする。
畑のたてが25m，横が35m。
したがって，
25×35＝875（㎡）

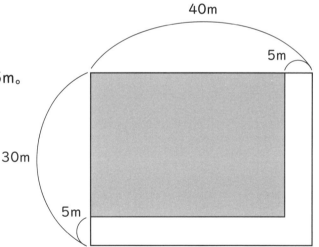

【引用文献】
平間　晃①『向山型算数教え方教室』2002年12月号 P.72（明治図書）
刀祢敬則②『授業で使える新難問・良問＝5題1問選択システム』4年 P.30（明治図書）
畦田真介③『向山型算数教え方教室』2004年2月号 P.72（明治図書）
神藤　晃④『向山型算数教え方教室』2000年4月号 P.72（明治図書）
小林克則⑤『教室熱中！難問1問選択システム』4年 P.66（明治図書）

難問
No.9

★問題が5問あります。1問だけ選んでときましょう。

1　24＋31＝55という計算は，答えに同じ数字がならんでいます。次の計算も，答えに同じ数字がならぶようにします。（□□□□）その時のたす数（◇△○▽）として考えられるもの全てを求めなさい。

$$
\begin{array}{r}
2\ 4 \\
+\ 3\ 1 \\
\hline
5\ 5
\end{array}
$$

$$
\begin{array}{r}
2\ 7\ 8\ 6 \\
+\ ◇\ △\ ○\ ▽ \\
\hline
□\ □\ □\ □
\end{array}
$$

答え [　　　　　　　　　　　　　]

2　0，2，3，8の4まいのカードがあります。このカードをならびかえてできる4けたの数は全部でいくつありますか。

0	2	3	8

答え（　　　　　　）通り

3　図のように，大きい正方形の中に小さい正方形があります。大きい正方形が32㎠のとき，小さい正方形は何㎠ですか。

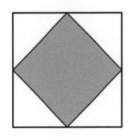

答え（　　　　　）㎠

46

名前 （　　　　　　　　　　　　　）

4 アイウエオの５つの点が，①〜④のじょうけんで１つの直線上にならんでいます。アからオまでの長さは何cmですか。

　　＜じょうけん＞
　　　①イはアとウの真ん中
　　　②ウはアとエの真ん中
　　　③エはイとオの真ん中
　　　④ウからエの長さは8cmです。

答え（　　　　　　　）cm

5 下の図のように，立方体の角の周りに丸い線をかきました。この立方体を切り開いたとき，曲線が正しい位置にあるのは，あ〜えのどれでしょう。

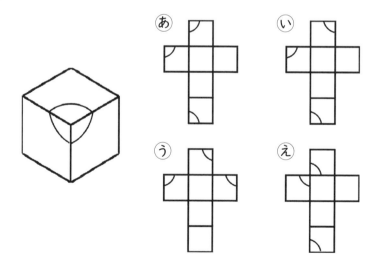

答え（　　　　　　　）

1 答え　1658, 2769, 3880, 4991, 6102, 7213

　□に入る数は，4444〜9999の6種類（答えが3786以上なので1111，2222は入らない。また，たす数が4けたなので，3333も入らない。答えが4444の場合，4444−2786＝1658である。そこから1111ずつたしていくと答えが出る。

　1658＋1111＝2769（答えが5555）
　2769＋1111＝3880（答えが6666）
　3880＋1111＝4991（答えが7777）
　4991＋1111＝6102（答えが8888）
　6102＋1111＝7213（答えが9999）

2 答え　18通り

　千の位が2，3，8の3通り。
　百の位が千の位の数以外の3通り。
　十の位がそれ以外の数の2通り。
　一の位が残った数なので1通り。
　したがって，3×3×2×1＝18（通り）

3 答え　16cm²

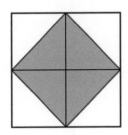

　正方形の1辺の長さを求めなくても答えは求められる。図のように線を入れると，小さい正方形は大きい正方形の半分の大きさであることが分かる。だから，32÷2＝16。
　小さい正方形の面積は16cm²となる。

出題＝福岡美智雪・戸井和彦・竹本明央・小﨑祐一・篠崎弘敬

選＝若井貴裕（編集チーム）

4　答え　28cm

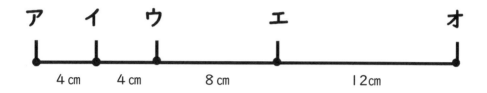

5　答え　あ

◀解説動画

【引用文献】
福岡美智雪①『教室熱中！難問１問選択システム』４年 P.70（明治図書）
戸井和彦②『教室熱中！難問１問選択システム』４年 P.30（明治図書）
竹本明央③『授業で使える新難問・良問＝5題１問選択システム』４年 P.94（明治図書）
小﨑祐一④『向山型算数教え方教室』2008年8月号 P.70（明治図書）
篠崎弘敬⑤『授業で使える新難問・良問＝5題１問選択システム』４年 P.102（明治図書）

難問
No.10

★問題が5問あります。1問だけ選んでときましょう。

1　小さな正三角形があります。8だんの形を作ったとき，小さな正三角形は何こになりますか。

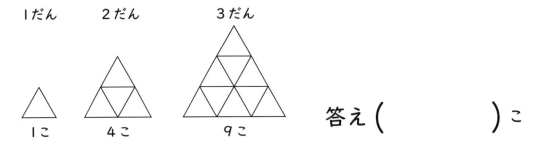

1だん　　　2だん　　　　3だん

1こ　　　　4こ　　　　　9こ

答え（　　　　　　　）こ

2　東京からロンドンまで，飛行機で13時間かかります。東京を12月24日午後3時に出発すると，ロンドンには，何月何日の何時にとう着しますか。時差は9時間で，東京のほうが進んでいます。

答え（　　　）月（　　　）日（　　　　　　）時

3　3つの同じ形に分けなさい。

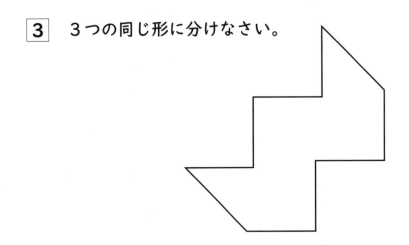

名前（　　　　　　　　　　　）

4 下の図のように４分の１の円の中にできた三角形の辺BCの長さは何cmですか。

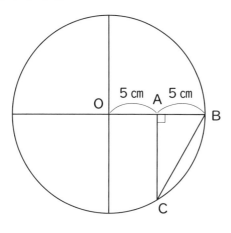

答え（　　　　　　）cm

5 ０から９までのカードが１まいずつあります。このカードをすべて使って，２けたの九九の答えを５つ作ります。
　　１つは18です。九九の答えをあと４つ完成させなさい。

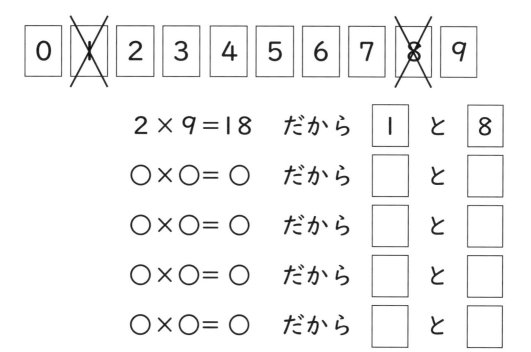

1 答え　64こ

　　１だんふえるごとに，３，５，７，９・・・
とふえていくので，
4段目は１＋３＋５＋７
5段目は１＋３＋５＋７＋９
6段目は１＋３＋５＋７＋９＋11
7段目は１＋３＋５＋７＋９＋11＋13
8段目は１＋３＋５＋７＋９＋11＋13＋15

◀解説動画

2 答え　12月24日の午後7時

　　東京を12月24日午後３時に出発して，13時間かかるので，
ロンドンに着くのは東京の時間で12月25日の午前４時。
しかし，東京の時間は９時間進んでいるので，
ロンドンの時間は12月24日の午後７時。

3 答え　以下の通り

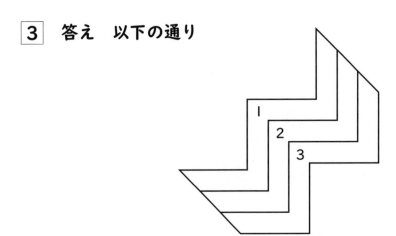

4 答え　10cm

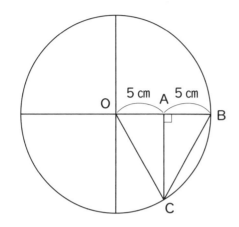

　円の中心をOとすると，三角形OACと三角形BACはぴったり重なり合う。

　したがって，辺OCと辺BCは同じ長さになる。

　円の半径であるOBが10cmなので辺OCは10cm。

　したがって，辺BCも10cm。

5 答え

2×9＝18　だから　[1]　と　[8]

3×9＝27　だから　[2]　と　[7]　8×9＝72も可

5×6＝30　だから　[3]　と　[0]

7×7＝49　だから　[4]　と　[9]

8×7＝56　だから　[5]　と　[6]

【引用文献】
小倉秀志[1]『授業で使える新難問・良問＝5題1問選択システム』4年　P.98（明治図書）
廣野　毅[2]『向山型算数教え方教室』2006年1月号 P.70（明治図書）
中山和明[3]『向山型算数教え方教室』2002年5月号 P.72（明治図書）
塩沢博之[4]『向山型算数教え方教室』2005年6月号 P.70（明治図書）
上木信弘[5]『向山型算数教え方教室』2000年5月号 P.68（明治図書）

★問題が5問あります。1問だけ選んでときましょう。

1　「およその数」しんけいすいじゃくです。四捨五入して，上から2けたのがい数にします。同じものを消していくと，最後に残ったカードはどれですか。

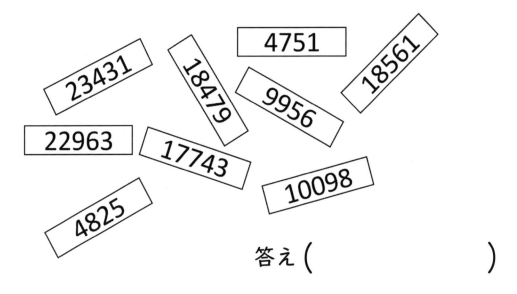

4751

18561

23431

18479

9956

22963

17743

10098

4825

答え（　　　　　　　　）

2　まわりから見えるサイコロの目を全部足すといくつになりますか。ただし，くっついている面は，合わせると7になります。

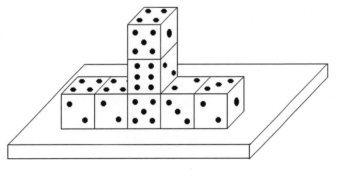

答え（　　　　　　　　）

名前 （　　　　　　　　　　　　　）

3　水が，アの水そうに10L，イの水そうに100Lたまっています。イの水そうからアの水そうに，1分間に3Lずつ水を送ると，水の量が同じになるのは何分後ですか。

答え（　　　　　　　）分後

4　正六角形に，直線を入れて，同じ8つの形に分けなさい。

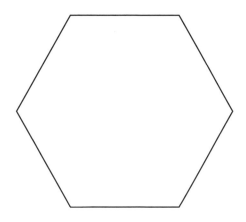

5　「6」を4つ使って，次の答えになる式を作りましょう。

$$6 \quad 6 \quad 6 \quad 6 = 24$$

$$6 \quad 6 \quad 6 \quad 6 = 35$$

$$6 \quad 6 \quad 6 \quad 6 = 108$$

$\boxed{1}$ 答え　18561

カードの数をすべて上から2けたのがい数にする。

4751 →	4800	17743 →	18000
4825 →	4800	18479 →	18000
9956 →	10000	18561 →	19000
10098 →	10000	22963 →	23000
		23431 →	23000

$\boxed{2}$ 答え　87

◀解説動画

まず，サイコロの両面とも見えているものを数える。

サイコロの向かい合った面を合わせた数は7であり，前後とも見えているものは7組なので7×7＝49。

くっついている面の和はどこも7なので，下段左はしのサイコロの左側面は6である。左右両面見えているものは3組あるので，3×7＝21。

上の面を左からたすと，4＋4＋4＋2＋3＝17。

　49＋21＋17＝87

$\boxed{3}$ 答え　15分後

2つの水そうの水をたすと，10＋100＝110，
同じ量にするので110÷2＝55。
10Lを55Lにするのに，55L－10L＝45L必要なので，
45÷3＝15　15分かかる。

4　答え　以下の通り

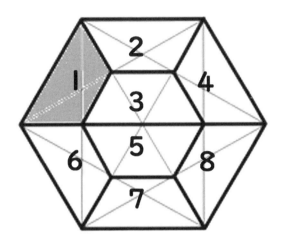

5　答え

$$6 + 6 + 6 + 6 = 24$$

$$（別解 6 \times 6 - 6 - 6 = 24）$$

$$6 \times 6 - 6 \div 6 = 35$$

$$（6 + 6 + 6) \times 6 = 108$$

【引用文献】
木村孝康①『教室熱中！難問１問選択システム』４年 P.122（明治図書）
髙橋徹矢②『向山型算数教え方教室』2008 年９月号 P.70（明治図書）
阿部　力③『教室熱中！難問１問選択システム』４年 P.34（明治図書）
中山孝志④『向山型算数教え方教室』2007 年２月号 P.70（明治図書）
戸井和彦⑤『教室熱中！難問１問選択システム』４年 P.30（明治図書）

★問題が5問あります。1問だけ選んでときましょう。

1   2001年1月1日から，2020年12月31日は何日間ありますか。うるう年（1年が366日の年）は4年に1回来るものとして考えます。

答え（　　　　　　　　　）日間

2   しおりさん，しほさん，のりこさんの3人が山登りをしました。3人はいっしょに出発しましたが，山のてっぺんまでにかかった時間は次のようになりました。山のてっぺんについた順番に名前を書きましょう。

しおりさん	9790秒
しほさん	2時間42分35秒
のりこさん	163分52秒

答え（　　　　　　　→　　　　　　　→　　　　　　　）

3   ゆうじくん，よしのりくん，たかひこくんの3人の赤ちゃんがいます。ゆうじくんとよしのりくんの体重の合計は6kg550g，よしのりくんとたかひこくんの体重の合計は6kg50g，たかひこくんとゆうじくんの体重の合計は6kg440gでした。3人の体重はそれぞれいくらになりますか。

答え　ゆうじくん（　　　　）kg（　　　　）g

よしのりくん（　　　　）kg（　　　　）g

たかひこくん（　　　　）kg（　　　　）g

名前 （　　　　　　　　　　　　　　　　　　　）

4 次の図形の中に三角形は何こありますか。

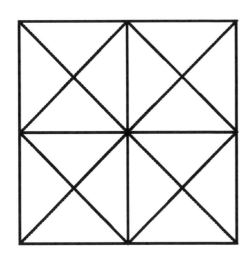

答え（　　　　　　）こ

5 3つのサイコロが，下の図のようにならんでいます。このとき，見えない11の面をすべてたすといくつになりますか。
（ただし，サイコロの向かい合う面の数をたした合計は必ず7になります。）

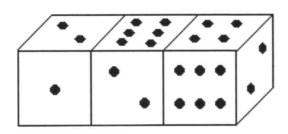

答え（　　　　　　）

1 答え　7305日間

　1年間は通常365日。それが20年あるので，
365×20＝7300日
うるう年が，20÷4＝5で5回あるので，
5日分たして，7300＋5＝7305日

2 答え　しほさん→しおりさん→のりこさん

　すべてを秒になおすと，
しおりさん：9790秒
しほさん　：2時間42分35秒＝9755秒
のりこさん：163分52秒＝9832秒
よって，しほさん→しおりさん→のりこさんの順になる。

3 答え　ゆうじくん　　3kg470g
　　　　よしのりくん　3kg　80g
　　　　たかひこくん　2kg970g

　6kg550g，6kg50g，6kg440gを合わせると，19kg40gとなる。
これは，3人の体重を2回分たした重さになるので，
19kg40g÷2＝9kg520gが3人の体重の合計になる。
ゆうじくんの体重　：9kg520g－6kg　50g＝3kg470g
よしのりくんの体重：9kg520g－6kg440g＝3kg　80g
たかひこくんの体重：9kg520g－6kg550g＝2kg970g

出題＝上野富美夫・柳田善信・西山喜一郎・佐藤志保・篠崎孝一

選＝溝口佳成（編集チーム）

4 答え　44個

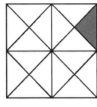 １まい分の
三角形
16個

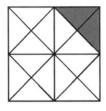 2まい分の
三角形
16個

動画解説

◀解説動画

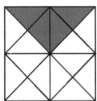 4まい分の
三角形
8個

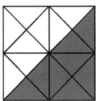 8まい分の
三角形
4個

5 答え　41

　　サイコロの目をすべて足すと 1＋2＋3＋4＋5＋6＝21
　3つあるので　21×3＝63　そのうち，見えている面の目の合計は
　1＋2＋5＋2＋2＋6＋4＝22
　63－22＝41なので，見えていない目の合計は41

【引用文献】
上野富美夫①『算数パズル事典』P.150（東京堂出版）
柳田善信②『向山型算数教え方教室』2009 年 8 月号 P.70（明治図書）
西山喜一郎③『教室熱中！難問 1 問選択システム』4 年 P.59（明治図書）
佐藤志保④『向山型算数教え方教室』2007 年 10 月号 P.70（明治図書）
篠崎孝一⑤『向山型算数教え方教室』2000 年 12 月号 P.68（明治図書）

★問題が5問あります。1問だけ選んでときましょう。

1 　0〜9までの数字が書かれたカードが1まいずつ，全部で10まいあります。4，6，7，8のカードを下のようにならべました。残りのカードをどのようにならべたらよいですか。□に数字を書きましょう。

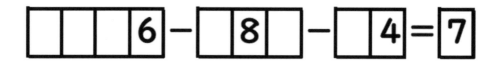

2 　たかしくんの学級は33人の子どもがいます。スイミングを習っている人は14人，英会話を習っている人は17人，どちらも習っていない人は6人います。スイミングだけ習っている人，英会話だけ習っている人はそれぞれ何人ですか。

答え　スイミング（　　　　　）人
英会話（　　　　　）人

3 　次の式に出てくる数には，小数点が書きわすれられています。小数点を正しくつけましょう。

1357＋9204＋64215＋136＝1577.48

名前（　　　　　　　　　　　　　　　）

4 直線を使って，下の形を4つの同じ形に分けましょう。

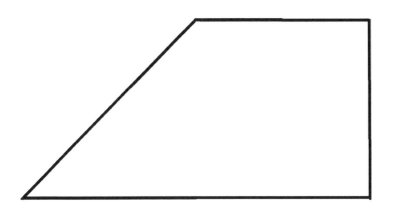

5 下の図のように，正方形を5つつないだ形をできるだけたくさん書きましょう。（回転したり，かがみにうつしたりしたものは1つと数えます）全部で何種類ありますか。

例 ○　　　　× 　　　　×

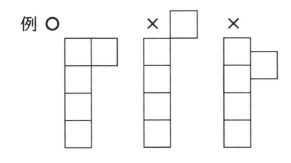

答え（　　　　　　　）種類

解答と解説
No.13

1　答え

$$1026-985-34=7$$

◀解説動画

　4けたの数に注目する。この千の位が2以上だと、答えが4けたになってしまう。なので、4けたの数の千の位は「1」。
　このように、わかるところから数字を当てはめて探していく。

2　答え　スイミング10人　英会話13人

　スイミングの14人、英会話の17人、なにも習っていない子が6人なので、全部足すと、37人。
　クラス人数の33人を4人オーバーしてしまうが、この4人は両方習っている人たちである。スイミング、英会話それぞれを習っている人から4人を引くと求められる。
　14−4＝10
　17−4＝13

3　答え　13.57＋920.4＋642.15＋1.36＝1577.48

　答えの小数第二位が「8」ということから、それぞれの数の最後の数字で和が「8」になる組み合わせを探す。
　「1357」「64215」「136」の組み合わせだけである。よって、この3つの数字は「13.57」「642.15」「1.36」となる。
　1577.48−(13.57＋642.15＋1.36)＝920.4
　よって、上の答えとなる。

選＝溝口佳成（編集チーム）

4　答え　以下の通り

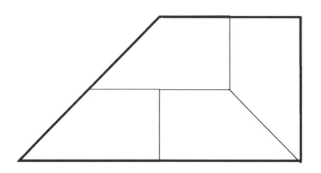

5　答え　12種類

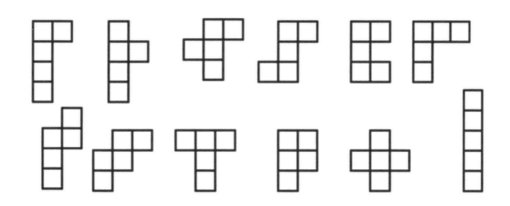

【引用文献】
小池哲也①『向山型算数教え方教室』2000 年 9 月号 P.68（明治図書）
岡田健治②『教室熱中！難問１問選択システム』4 年 P.22（明治図書）
永山　祐③『授業で使える新難問・良問 =5 題１問選択システム』4 年 P.39（明治図書）
杉谷英広④『向山型算数教え方教室』2005 年 7 月号 P.70（明治図書）
小峯　学⑤『向山型算数教え方教室』2009 年 3 月号 P.70（明治図書）

難問
No.14

★問題が5問あります。1問だけ選んでときましょう。

1 校庭を150周走ります。月・水・金曜日はそれぞれ2周，火・木曜日はそれぞれ3周走ることにしました。土・日曜日はそれぞれ5周走ることにしました。月曜日から走り始めるとしたら，何曜日に150周走り終えますか。

答え（　　　　　　　）曜日

2 サイコロを矢印の向きに転がし，矢印の最後まで来たとき，上に出ている目の数はいくつですか。

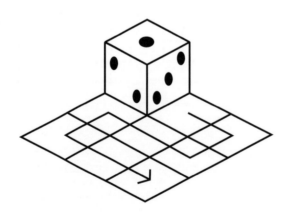

答え（　　　　　　　）

名前（ 　　　　　　　　　　　　　　　 ）

3 　下の図のように，マッチぼう9本使って，三角形を3こ作りました。マッチぼうを2本だけ動かして，三角形を4こにしましょう。

答え

4 　9つの点をすべて通るように，一筆書きで，4本の直線で書きましょう。

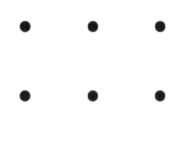

5 　バスに運転士が1人と子どもが5人乗っています。子ども達はそれぞれかごを1つずつもっています。それぞれのかごの中には母親ハムスターが8ひきいます。そして，それぞれの母親ハムスターの周りには，子どもハムスターが8ひきねています。
　さて，バスには全部で何人と何びきいますか。

答え（ 　　　　 ）人（ 　　　　 ）ひき

1　答え　日曜日

1週間では，2＋3＋2＋3＋2＋5＋5＝22周走ることになる。

150÷22＝6あまり18　で6週間後，あと18周残すことになる。

月曜日だと，18－2＝16　　あと16周

火曜日だと，16－3＝13　　あと13周

水曜日だと，13－2＝11　　あと11周

木曜日だと，11－3＝8　　あと　8周

金曜日だと，　8－2＝6　　あと　6周

土曜日だと，　6－5＝1　　あと　1周

日曜日だと，　1－5→×　　よって答えは日曜日

2　答え　6

動画解説

◀解説動画

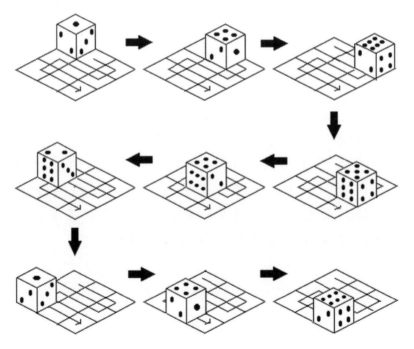

出題＝中山和明・武田俊樹・井上和紀・水谷洋克・斎藤浩康

選＝溝口佳成（編集チーム）

③ 答え

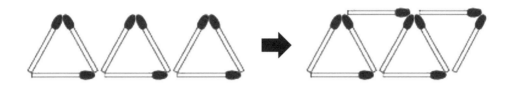

④ 答え

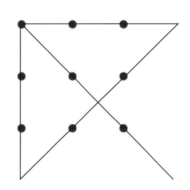

⑤ 答え　6人と360匹

人間は，運転士1人と子ども5人で6人。

ハムスターは，母親と子どもで合わせて1家族につき9匹。

1つのかごには8家族いるので，9×8＝72。

かごは全部で5つあるので，

72×5＝360。ハムスターの数は360匹。

【引用文献】
中山和明① 『向山型算数教え方教室』2002年5月号 P.72（明治図書）
武田俊樹② 『向山型算数教え方教室』2005年3月号 P.70（明治図書）
井上和紀③ 『向山型算数教え方教室』2008年4月号 P.70（明治図書）
水谷洋克④ 『向山型算数教え方教室』2011年11月号 P.82（明治図書）
斎藤浩康⑤ 『向山型算数教え方教室』2001年8月号 P.72（明治図書）

★問題が5問あります。1問だけ選んでときましょう。

1　A・B・C・Dの4まいのカードがあります。それぞれのカードには，1～20までのどれかの数が1つずつ書かれています。
　　それぞれどの数が書かれていますか。次のじょうけんを参考にして答えましょう。

A＋D＝B＋C
C＋D＝28
B－A＝4
DはBの2倍

答え　A（　　　　）B（　　　　　）
　　　C（　　　　）D（　　　　　）

2　1g，2g，3g，4g，5gのおもりが1こずつあります。それぞれのおもりにはア～オのラベルがはられています。また，重さの分からないおもり△があります。天びんに3通りの乗せ方をしたところ，下の図のようになりました。この時，ア～オのおもりの重さと△の重さがそれぞれ何gかを求めなさい。

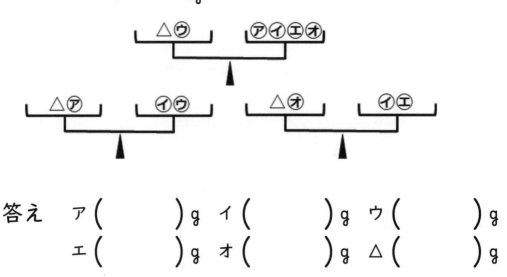

答え　ア（　　　　）g　イ（　　　　）g　ウ（　　　　）g
　　　エ（　　　　）g　オ（　　　　）g　△（　　　　）g

3 　ある数を56でわったら，商が19であまりは36になりました。この数を84でわると，商はいくつであまりはいくつになりますか。

答え　商（　　　　　　）あまり（　　　　　　）

4 　どのエリアにも木が1本ずつ入るように，4本の直線を図に引きなさい。

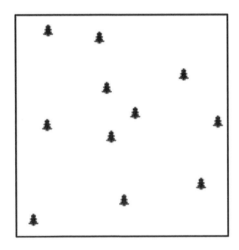

5 　下の図の中に，三角形は何こありますか。

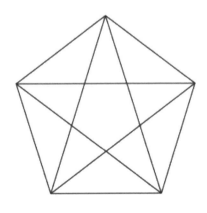

答え（　　　　　　）こ

1 答え　A＝4，B＝8，C＝12，D＝16

　　B－A＝4ということは，Aに4を足すとBになる。（A＋4＝B）
だから，

　　A＋D＝B＋C　　　　Bの代わりに（A＋4）を入れて，
　　A＋D＝（A＋4）＋C　右左両方にふくまれるAを消すと，
　　　　D＝4＋C　　　　となる。
　　C＋D＝28で，　　　DはC＋4だから，
　　C＋（C＋4）＝28
　　　　C＋C＝24
　　　　　C＝12　　　となる。ここから，
　　D＝16　Dは B の2倍なので，B＝8，さらにA＝4となる。

2 答え　ア 2g　イ 5g　ウ 4g　エ 3g
　　　　オ 1g　△ 7g

　　上の天秤から考える。
　　ウが1gの場合，残りのアイエオが合わせて14gとなるので△は13g。
△が13gだと，左下の天秤で，イウが一番重い4gと5gのおもりでもつり
あわないので，ウは1gではない。同様に考えると，ウは4gしか考えられ
ない。すると，△は7gとなる。
　　左下の天びんから，アはイよりも3g重い。となると，（ア，イ）の組み
合わせは(2g，5g)か(1g，4g)のどちらかだが，ウがすでに4gで決まっ
ているので，アが2g，イが5gである。
　　右下の天びんから，イが5g，△が7gなので，エがオよりも2g重い。だ
から，エが3g，オが1gとなる。

3 答え　商は13であまりは8

ある数は次の式で求められる。
56×19＋36＝1100
よって，計算すると
1100÷84＝13あまり8

4 答え　右図の通り

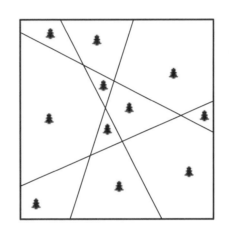

5 答え　35こ

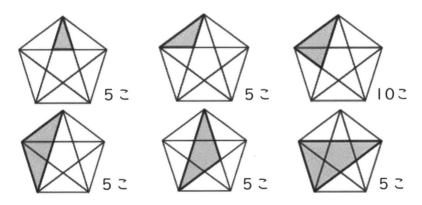

◀解説動画

【引用文献】
賀本俊教①『向山型算数教え方教室』2002年1月号 P.72（明治図書）
②算数オリンピック委員会『算数オリンピック 2011 トライアル問題』
上木信弘③『向山型算数教え方教室』2000年5月号 P.68（明治図書）
上野富美夫④『算数パズル事典』P127（東京堂出版）
本田純一⑤『向山型算数教え方教室』2009年6月号 P.72（明治図書）

難問 No.16

★問題が5問あります。1問だけ選んでときましょう。

1

 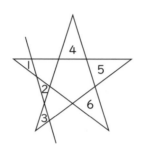

上図のように，星形の中には，三角形が5こあります。直線を1本引くと，三角形が6こになります。ここにあと1本引いて，三角形を10こ作りなさい。三角形は元の星形の外にできてもよいことにします。

答え

2 どの円に関しても円周上の4つの数の和が10になるように，0～5までの数字を入れます。ア，イ，ウに入る数字は何ですか。（ただし，どの数字も1回だけ使うことにします。）

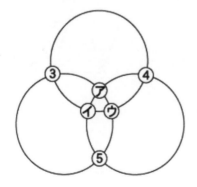

答え　ア（　　　　）

イ（　　　　）

ウ（　　　　）

名前（　　　　　　　　　　　　　　）

3 たかし君のたん生日は2020年の9月21日月曜日です。次の年の9月21日は何曜日ですか。（2021年はうるう年ではありません。）

答え（　　　　　　　）曜日

4 1組の三角定ぎとえんぴつだけを使って，次の角度をかきなさい。　①75度　②105度　③15度

5 下の図のように積み木を重ねていきます。ただし一番下は下から2だん目と同じにします。200だん重ねるには，積み木は何こいりますか。

1だん
（1こ）

2だん
（2こ）

3だん
（7こ）

4だん
（14こ）

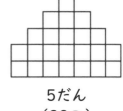

5だん
（23こ）

答え（　　　　　　　）こ

1 答え　以下の通り

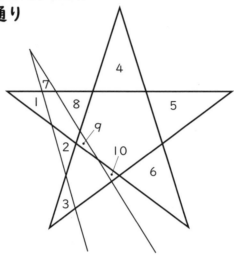

2 答え　ア＝0　イ＝1　ウ＝2

　0〜5のうち，3，4，5についてはすでに出ているので，
のこりは0，1，2のどれかである。
　右下の円から，ア＋イ＝1
　左下の円から，ア＋ウ＝2
　上の円から，　イ＋ウ＝3　　すべて足すと，
（ア＋イ）＋（ア＋ウ）＋（イ＋ウ）＝6
　　　　　　　（ア＋イ＋ウ）＝3
このことから，ア＝0，イ＝1，ウ＝2となる。

3 答え　火曜日

　2021年の2月に29日はない。うるう年ではないので，この1年は365
日である。365÷7＝52あまり1となり，365日後はもとの曜日から1
日進んだ曜日となる。
　よって答えは，月曜日の次の日の火曜日である。

4　答え　下図の通り

①75度　　　　②105度　　　　③15度

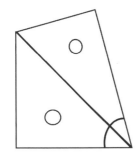　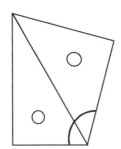　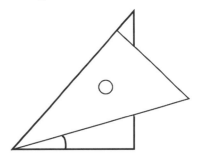

5　答え　39998こ

① 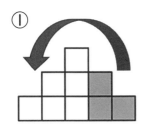　② 　③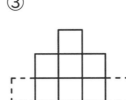

解説動画

◀解説動画

　3段の図で考える。①の色付き部分を②のように動かすと正方形となるので，200段のピラミッドは

　200×200＝40000の正方形でできている。

しかし実際は，両サイドの正方形2つはないので，

　40000－2＝39998。

【引用文献】
東　邦彦①『向山型算数教え方教室』2008年10月号 P.70（明治図書）
清水有紀②『向山型算数教え方教室』2002年2月号 P.72（明治図書）
西山喜一郎③『向山型算数教え方教室』2001年10月号 P.72（明治図書）
溝口佳成④オリジナル
斎藤浩康⑤『向山型算数教え方教室』2001年8月号 P.72（明治図書）

★問題が5問あります。1問だけ選んでときましょう。

1 　右の図形の面積が2等分される
ように1本の直線を引きます。ど
のように引いたらよいですか。

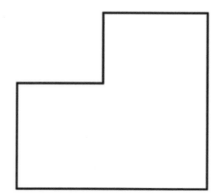

答え

2 　○の中に1から9までの数を入
れて，どの辺をたしても20にな
るようにしましょう。ただし，
1回使った数字は使えません。

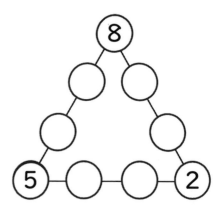

答え

3 　20この箱を図のようにならべました。そして上の面と横の面に
ペンキをぬりました（底はぬりません）。ペンキのついていない
面は何面あるでしょうか。

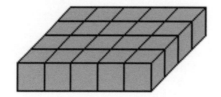

答え（　　　　　　）面

名前（　　　　　　　　　　　　）

4 下の図のように100この小さな部屋があります。

　この部屋にアからネズミが入りました。ネズミはすべての部屋を一度だけ通らなければ外に出ることはできません。また，出口はイかウのどちらかだけです。アから入ったら，イまたはウのどちらから出ることができますか。

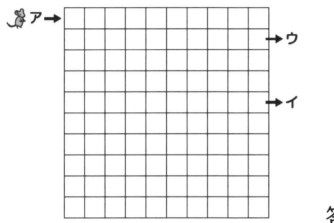

答え（　　　　　　　）

5 下の図のように，9つの小さな正三角形が並んでいます。一番大きい正三角形の周りの長さが72cmのとき，一番小さな正三角形の周りの長さは何cmになりますか。

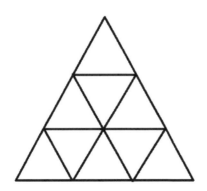

答え（　　　　　　　）cm

1 **答え　下図の通り**

　　長方形の対角線の交点（交わる点）を通る線が，面積を2等分する。
なので，2つの長方形の交点を通る直線を引けばよい。次の3通りが考
えられる。

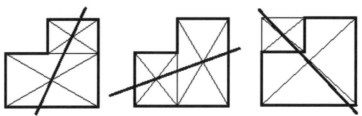

2 **答え（例）**

　　右のように各辺の和が20になれ
ばよい。他にもある。

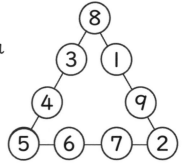

◀解説動画

3 **答え　82面**

　　箱1つに6面あり，それが20個あるので，
6×20＝120　120の面がある。
そのうち，色のついている面が，
上の面は4×5＝20
まわりの面は，（4＋5）×2＝18なので，
20＋18＝38面ある。
120−38＝82なので，
色のついていない面は82である。

選＝溝口佳成（編集チーム）

4 答え イ

　　図のように色分けすると，白→黒→白→黒・・・・とネズミは移動する
ことになる。100個の部屋すべて通るとなると，100個目の部屋は黒であ
る。だから，イが正解である。

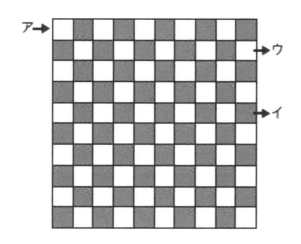

5 答え　24㎝

　　一番大きい正三角形の周りの長さが72㎝なので，一辺の長さは
72÷3＝24㎝
　　大きい正三角形の3分の1が小さい正三角形になるので，
　　小さい正三角形の一辺の長さは，24÷3＝8㎝
　　1辺の長さ3倍分がまわりの長さになるので，8×3＝24
　　答え24㎝となる。

【引用文献】
甲本卓司①②『向山型算数教え方教室』2000年8月号 P.68（明治図書）
桜井健一③『授業で使える新難問・良問＝5題1問選択システム』4年 P.106（明治図書）
塩沢博之④『向山型算数教え方教室』2012年9月号 P.82（明治図書）
本田純一⑤『向山型算数教え方教室』2009年6月号 P.70（明治図書）

難問
No.18

★問題が5問あります。1問だけ選んでときましょう。

1 4人家族が3時間の電車の旅をしました。空席が3つしかないので，交代ですわることにしました。4人が同じ時間ずつすわるとしたら，一人何時間何分ずつすわれますか。

答え（　　　　　）時間（　　　　　）分

2 あなを1こほるのに3分かかるパワーショベルがあります。
このパワーショベル60台で60このあなをほりました。何分かかったでしょうか。

答え（　　　　　）分

3 直径4cmのボールが，たて44cm，横40cm，高さ12cmの箱の中にぎっしり入っています。箱の中には何こボールが入っていますか。（箱のあつみは考えないこととします。）

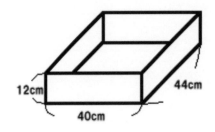

12cm
44cm
40cm

答え（　　　　　）こ

4 下の図の中に三角形は何こありますか。

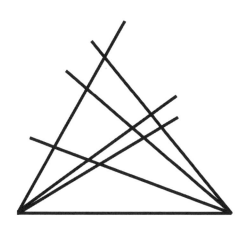

答え（　　　　　）こ

5 おはじきを三角形の形に並べていきます。内側を黒で，外側を白のおはじきにします。白いおはじきの数が9この時，黒いおはじきは1こになります。白いおはじきが36この時，黒いおはじきはいくつですか。

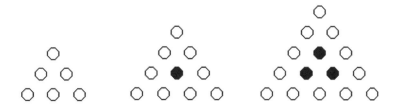

答え（　　　　　）こ

1 答え　2時間15分

イスが3つで3時間あるので，3×3＝9時間分，イスに座れると考える。9時間を4人で分けると，
9÷4＝2.25
0.25時間は15分なので，
2.25時間は2時間15分である。

2 答え　3分

1台のパワーショベルで1つの穴を掘るのに3分かかっている。60台のパワーショベルで同時に穴を掘り始めると，3分後に60個の穴ができている。

3 答え　330個

縦44cmに4cmのボールは，44÷4＝11個入る。
横40cmに4cmのボールは，40÷4＝10個入る。
高さ12cmに4cmのボールは，12÷4＝3段入る。
だから，この箱に入るボールの数は，
11×10×3＝330

選＝溝口佳成（編集チーム）

4 　答え　27個

◀解説動画

5 　答え　55個

白のおはじきが12個の場合，
三角形を図のようにかこむと，
12÷3＝4　4＋1＝5で，
5段の三角形となる。
内側の三角形は，それよりも3段低い
三角形なので2段の三角形である。
関係性を表に表すと

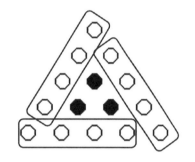

まわりの数 （まわりの白の数）	12	15	18	21	24	27	30	33	36
大きい三角形の段数	5	6	7	8	9	10	11	12	13
小さい三角形の段数	2	3	4	5	6	7	8	9	10

　白のおはじきが36個の場合，小さい三角形は10段である。段が増える
と，●が1つずつ増えるので，
　1＋2＋3＋4＋5＋6＋7＋8＋9＋10＝55となる。

【引用文献】
割石隆浩1『向山型算数教え方教室』2003年12月号 P.72（明治図書）
大沼靖治2『向山型算数教え方教室』2005年1月号 P.70（明治図書）
刀祢敬則3『向山型算数教え方教室』2004年10月号 P.72（明治図書）
4『理系脳を鍛える Newton ライト』
小林克則5『教室熱中！難問1問選択システム4年』P.67（明治図書）

★問題が5問あります。1問だけ選んでときましょう。

1 次の4つの天びんの図から考えて，〇▲□◎●を軽い順番にならべましょう。

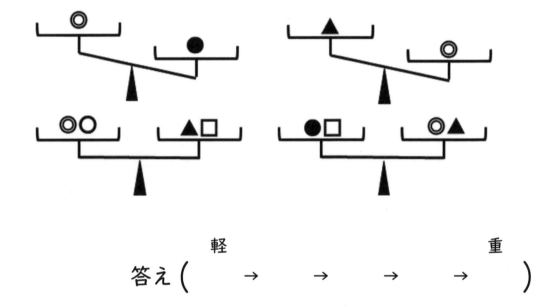

答え（ 軽 → → → → 重 ）

2 下の3つの式に3，4，5，6，7，8，9の7まいのカードを1まいずつ入れて式を完成させましょう。

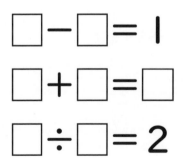

$$□-□=1$$

$$□+□=□$$

$$□÷□=2$$

名前（　　　　　　　　　　　）

[3] 30から100までの整数をたすといくつになりますか。

答え（　　　　　　　）

[4] 次の中で，立方体のてん開図になるものはどれでしょう。
すべて答えましょう。

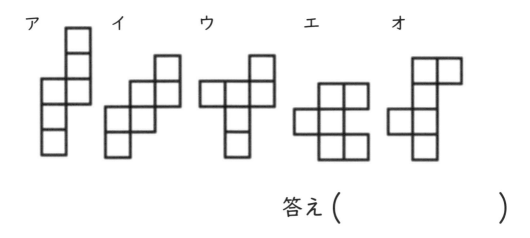

ア　　　イ　　　ウ　　　エ　　　オ

答え（　　　　　　　　　　　）

[5] 全部で10本の木があります。この木をすべて使って，4本の木
の列を5列作りましょう。

☐1 答え　〇→□→▲→◎→●

　上の２つの天秤から▲→◎→●の順で軽いことが分かる。次に，右下の天秤から，◎▲と釣り合うために□は▲よりも軽いことが分かる。

　左下の天秤から，▲□に釣り合うためには，〇は□よりも軽いことが分かる。よって，軽い順から
〇→□→▲→◎→●となる。

☐2 答え　8−7＝1
　　　　　4＋5＝9
　　　　　6÷3＝2

　3つ目の式に当てはまるのは，6÷3か8÷4のどちらかである。2つ目の式では，3＋4＝7，3＋5＝8，4＋5＝9のどれかである。

　この2つの式に数字が重ならないのは，6÷3＝2，4＋5＝9である。

☐3 答え　4615

30＋99＝129, 31＋98＝129・・・というように，129の組み合わせを作ると，全部で35個できる。
129×35＝4515　さらに残った100をたして4615となる。

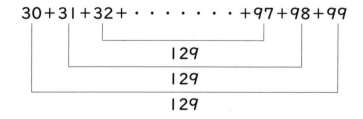

30＋31＋32＋・・・・・・・＋97＋98＋99

出題＝溝口佳成・福澤真太郎・松本一樹・石原　卓・前川　淳

選＝溝口佳成（編集チーム）

4 答え　ア，イ，ウ，オ

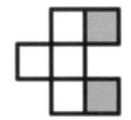

◀解説動画

「エ」だけ，組み立てた時に灰色が重なる。

5 答え　図のようになる。

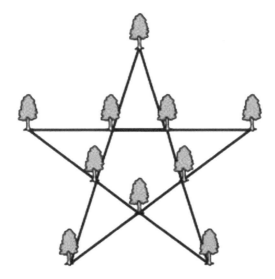

【引用文献】
溝口佳成1オリジナル
福澤真太郎2『向山型算数教え方教室』2009 年 2 月号 P.70（明治図書）
松本一樹3『授業で使える新難問・良問 =5 題 1 問選択システム』4 年 P.22（明治図書）
石原　卓4『授業で使える新難問・良問 =5 題 1 問選択システム』4 年 P.107（明治図書）
前川　淳5『向山型算数教え方教室』2007 年 1 月号 P.70（明治図書）

★問題が5問あります。1問だけ選んでときましょう。

1 15mおきに木が植えてあります。1本目から10本目まで走ります。何m走ることになりますか。

答え（　　　　　）m

2 数字があるきまりでならんでいます。□に入る数字は何ですか。
①2，6，10，14，18，22，□，30
②1，2，4，7，11，16，□，29
③1，3，7，15，□，63，127

答え　①（　　　　）②（　　　　）③（　　　　）

3 図形があるきまりでならんでいます。5つ目はどんな形になるでしょう。□の中に書きましょう。

答え M♡⚇⚭M □

名前（　　　　　　　　　　　　　　　　　）

4 長方形の形をした庭があります。はば２ｍの道を２本と，１辺の
長さが２ｍの正方形の物置小屋を図のように作り，残りはしばふ
にします。しばふの面積は何㎡ですか。

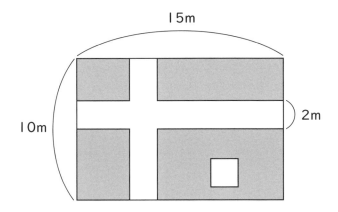

答え（　　　　　　　　）㎡

5 次の中で，一筆で書けないものはどれでしょう。

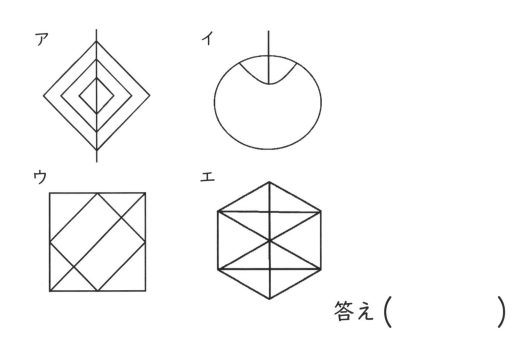

答え（　　　　　　　）

[1]　答え　135m

　木が10本植えてあるということは，その間は9つあるということになる。15mが9つ分なので，15×9＝135。

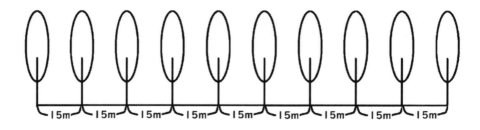

[2]　答え　①26　②22　③31

　①は，4ずつ増えている。
　②は，1，2，3，4，5…と増えている。
　③は，2，4，8，16…と増えている。

[3]　答え　下図の通り

　真ん中に，縦に線を入れるとそれぞれの図は数字の1～4を鏡に映した形だと分かる。だから，□の中は「5」をもとにしたものになる。

4 答え 100㎡

図のように道をなくしてくっつけると，たて8m，横13mになる。

8×13＝104

また，物置小屋は1辺の長さが2mなので，

2×2＝4

104−4＝100

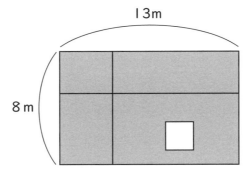

5 答え イ

一筆書きは，その図形の中の点を見て，点から出ている線がすべて偶数本の場合，もしくは奇数本の点が2つで残りすべての点が偶数本の場合，描くことができる。

◀解説動画

ア

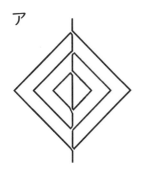

ウ

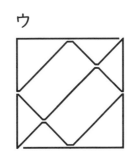

エ

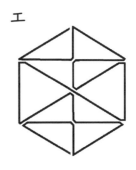

【引用文献】
有村春彦①『向山型算数教え方教室』2001年9月号 P.72（明治図書）
篠崎孝一②『向山型算数教え方教室』2000年12月号 P.68（明治図書）
木村重夫③『教室熱中！難問1問選択システム』4年 P.116（明治図書）
塩沢博之④『向山型算数教え方教室』2009年7月号 P.70（明治図書）
溝口佳成⑤オリジナル

1　5まいの10円玉をAくんBくんCくんの3人に分けるとき，3人とも１まい以上もらえるような分け方は何通りですか。

答え（　　　　　　　　）通り

2　ほけん室に来た人のけがの種類とけがをした場所を調べて表にまとめました。どこでどんなけがをした人が一番多いですか。

学年	けがの種類	場所
2	切りきず	教室
3	ねんざ	ろうか
4	すりきず	校庭
5	切りきず	中庭
3	すりきず	校庭
6	すりきず	教室
2	打ぼく	ろうか
1	切りきず	中庭
4	すりきず	校庭
4	打ぼく	校庭
3	すりきず	校庭
2	打ぼく	中庭
5	ねんざ	体育館
1	すりきず	校庭
3	切りきず	教室
5	切りきず	教室
6	すりきず	体育館

答え（　　　　　　　　）で
　　（　　　　　　　　）をした人

3 4年1組で，好きな教科を調べました。次のそれぞれの文は正しいですか。○か×かで答えましょう。

①国語が好きで算数がきらいな人は3人です。（　　）

②算数が好きで国語がきらいな人は3人です。（　　）

③算数がきらいな人のほうが国語がきらいな人より多いです。（　　）

	よしお	じゅんこ	かずお	のりひと	あずさ	まりか	やえこ	みつお	あつみ	きぬえ
国語	×	○	○	○	○	○	○	×	×	×
算数	○	×	×	○	×	○	×	○	×	○

4 図のように，4つに分かれた長方形を黒でぬります。
ぬり方は何通りありますか。

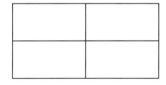

答え（　　　　　　）通り

5 下の図で，A地点からB地点を通って，より道せずC地点まで行きます。遠回りせずに行くと，全部で何通りの行き方がありますか。

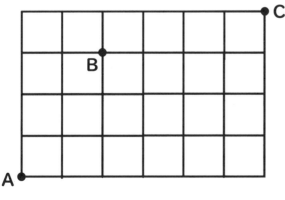

答え（　　　　　　）通り

解答と解説 No.21

1 答え　6通り

すべての場合を考えると，(A:B:C) → （3：1：1），（1：3：1），（1：1：3），（2：2：1），（2：1：2），（1：2：2）の6つが考えられる。

2 答え　校庭ですりきずをした人

表に整理して書き表すと下の図のようになる。

	教室	ろうか	校庭	中庭	体育館
切りきず	3			2	
すりきず	1		5		1
ねんざ		1			1
打ぼく		1	1	1	

3 答え　①×　②○　③○

①国語が好きで算数が嫌いなのは，かずお・じゅんこ・あずさ・やえこの4人なので×。

②算数が好きで国語が嫌いなのは，よしお・みつお・きぬえの3人なので○。

③算数の嫌いな人は5人，国語の嫌いな人は4人で，算数の嫌いな人が多いので○。

出題＝竹内淑香・伊藤壮一・白井朱美

選＝溝口佳成（編集チーム）

4　答え　15通り

4つの部屋があるが，それぞれ「ぬる」「ぬらない」の2通りがあるので，2×2×2×2＝16通りある。まったくぬらないのは含めない。

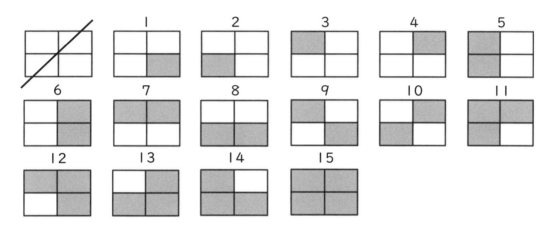

5　答え　50通り

AからBまでの行き方は，全部で10通り。

BからCまでの行き方は全部で5通り。

なので，10×5＝50。

◀解説動画

【引用文献】
①日本大学第二中学入試問題
竹内淑香②③『授業で使える新難問・良問＝5題1問選択システム』4年 P.70（明治図書）
伊藤壮一④『向山型算数教え方教室』2002年11月号 P.72（明治図書）
白井朱美⑤『向山型算数教え方教室』2010年2月号 P.70（明治図書）

6　4年1組39人で，学級活動の話合いをしました。AとBの2つの
てい案について，それぞれさん成か反対かで手を挙げてもらいま
した。Aにさん成した人は20人，Bにさん成した人は24人，Aに
もBにも反対した人は3人でした。AにもBにもさん成した人は何
人ですか。

答え（　　　　　）人

7　りんご，みかん，ぶどう，なし，ももの5種類のくだものがあ
ります。このうち，3つを選んでかごに入れます。何通りの組合わ
せがありますか。

答え（　　　　　）通り

8　3×3のマスに，以下のブロックをすきまなくならべます。何通
りのならべ方がありますか。

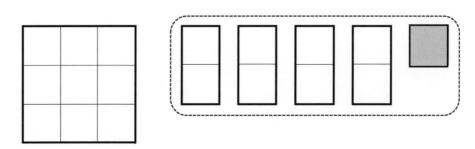

答え（　　　　　）通り

9 赤・白・青の3つのサイコロを同時に投げます。和が10になる組合せは全部で何通りありますか。

答え（　　　　　　　）通り

10 見つけたこん虫の種類と場所の表にあなが空いてしまいました。表を完成させましょう。

種類＼場所	運動場	公園	中庭	林	合計
クワガタムシ	0		2	8	11
カブトムシ	1	0		9	
セミ	3	2	3		10
チョウ	4	2	5	2	13
合計	8		13	21	

6 　答え　8人

　　39人中両方とも反対したのは3人なので，
どちらか1つでも賛成した人は39−3＝36で
36人。Aに賛成が20人，Bに賛成が24人なので，
合わせると44人。44−36＝8で，
8人が両方とも賛成した人になる。

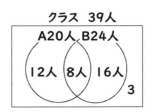

クラス　39人
A20人　B24人
12人　8人　16人
3

7 　答え　10通り

　　「かごに入れる3つを選ぶ」ということは，「かごに入れない2つを選ぶ」
ということでもある。

　　入れない2つの組合せは，（りんご・みかん）（りんご・ぶどう）（りん
ご・なし）（りんご・もも）（みかん・ぶどう）（みかん・なし）（みかん・
もも）（ぶどう・なし）（ぶどう・もも）（なし・もも）の10通りである。

　　よって，選ぶ組合せは10通りである。

8 　答え　18通り

1つ分のパネルが
真ん中のとき，2種類

1つ分のパネルが
左上のとき，4種類

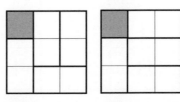

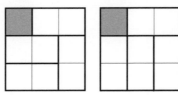

1つ分のパネルが
左下，右上，右下に
来ても4種類ずつ
あるので，
4×4＝16

2＋16＝18

9　答え　27通り

　和が10になる組合せとしては，以下のものが考えられる。
(1，3，6) (1，4，5) (2，2，6) (2，3，5) (2，4，4) (3，3，4)
の6通り。(1，3，6)の組合せで左から(赤・白・青)とすると，ほかに
(1，6，3) (3，1，6) (3，6，1) (6，1，3) (6，3，1)と，計6通り
ある。書き出していくと，

(1，3，6) (1，6，3) (3，1，6) (3，6，1) (6，1，3) (6，3，
1) (1，4，5) (1，5，4) (4，1，5) (4，5，1) (5，1，4) (5，
4，1) (2，2，6) (2，6，2) (6，2，2) (2，3，5) (2，5，3)
(3，2，5) (3，5，2) (5，2，3) (5，3，2) (2，4，4) (4，2，
4) (4，4，2) (3，3，4) (3，4，3) (4，3，3)　合計27通り

10　答え　以下の通り

種類＼場所	運動場	公園	中庭	林	合計
クワガタムシ	0	1	2	8	11
カブトムシ	1	0	3	9	13
セミ	3	2	3	2	10
チョウ	4	2	5	2	13
合計	8	5	13	21	47

【引用文献】
西田裕之[6]『授業で使える新難問・良問＝5題1問選択システム』4年 P.66（明治図書）
石原　卓[7]『向山型算数教え方教室』2006年5月号 P.70（明治図書）
山川直樹[8]『向山型算数教え方教室』2006年11月号 P.70（明治図書）
白井朱美[9]『向山型算数教え方教室』2010年2月号 P.70（明治図書）
竹内淑香[10]『授業で使える新難問・良問＝5題1問選択システム』4年 P.70（明治図書）

1 （2→3），（3→6），（4→9）へと変化するとき，（5→□）の□の中にはどんな数が入りますか。

答え（　　　　　）

2 下の□に，「台形」，「平行四辺形」，「長方形」，「正方形」，「ひし形」，「その他」のどれかを書きましょう。

答え

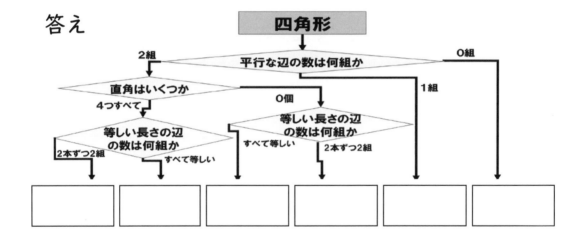

3 ♥と♠は，＋－×÷とはちがった計算方法の意味を持ちます。

6♥8＝7　　4♥8＝6
4♠5＝10　　7♠10＝35

このとき，次の計算をしましょう。

答え　①5♠（7♥9）＝（　　　　　）

②（2♠4）♥（5♥7）＝（　　　　　）

名前（ 　　　　　　　　　　　　　　　　　）

4 　例のようにプログラミングをすると，下のような図がかけます。Bのプログラミングをすると，どんな図がかけますか。

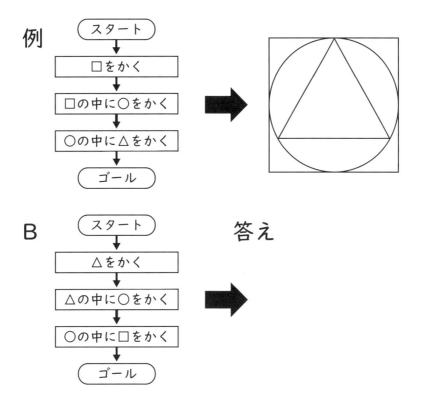

5 　図形が次のように並んでいます。

131番目の図形は何でしょう。

1 答え　12

　　矢印の後の数は，すべて３の段の九九の答えである。しかし，矢印の左側を３倍しても右の数字にならない。右の数字に変化させるには，左の数字を３倍して３引いているのである。　5×3－3＝12

2 答え　以下の通り

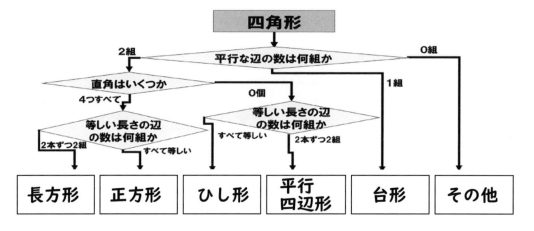

3 答え　①20　②5

　　♥は，「両側の数字を足して２でわる」
　　♠は，「両側の数字をかけて２でわる」
　　という計算の意味を持つ。

　　5♠（7♥9）＝5♠8＝20
　　（2♠4）♥（5♥7）＝4♥6＝5

4 答え　以下の通り

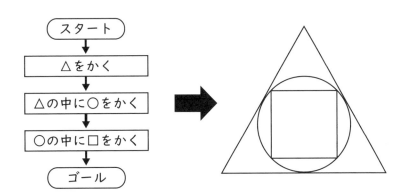

5 答え　△

　図形は，丸→三角→四角の順となっており，色は白と黒で交互に並んでいる。

　131番目は奇数なので白，また，3でわると2あまる数なので，図形は2番目の三角となる。

　別解：図形は「○▲□●△■」の6つをひたすら繰り返している。

　131を6で割ると5あまるので，この順の5番目の図形である△が正解となる。

【引用文献】
西田裕之③『授業で使える新難問・良問＝5題1問選択システム』4年 P.78（明治図書）
永山　祐⑤『向山型算数教え方教室』2003年4月号 P.72（明治図書）
溝口佳成①②④オリジナル

★例のように，プログラミングにそって線を引いていくと，図形ができます。6～10のプログラミングにそって，図形をかいてみましょう。

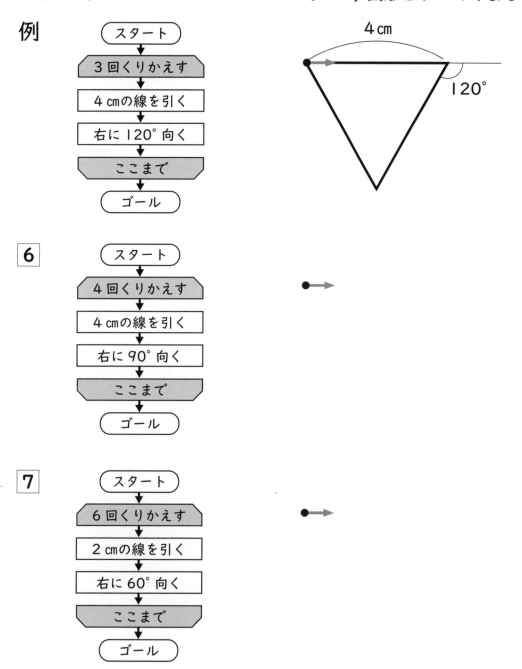

例

スタート
3回くりかえす
4cmの線を引く
右に120°向く
ここまで
ゴール

6

スタート
4回くりかえす
4cmの線を引く
右に90°向く
ここまで
ゴール

7

スタート
6回くりかえす
2cmの線を引く
右に60°向く
ここまで
ゴール

名前（　　　　　　　　　　　　　　）

8

スタート

8回くりかえす

4 cmの線を引く

右に 135° 向く

ここまで

ゴール

●→

9

スタート

5回くりかえす

4 cmの線を引く

右に 144° 向く

ここまで

ゴール

●→

10

スタート

6回くりかえす

2 cmの線を引く

左に 60° 向く

2 cmの線を引く

右に 120° 向く

ここまで

ゴール

●→

実際にコンピュータなどで確かめてみるとよい。
　https://scratch.mit.edu/projects/417234482/
にアクセスすると，図形作成の画面になる。
「中を見る」で自由に編集できる。
（タブレットなど大きい画面のものを推奨）

◀解説動画

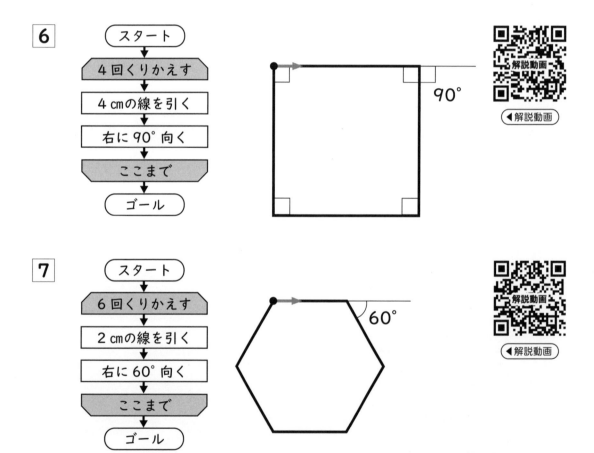

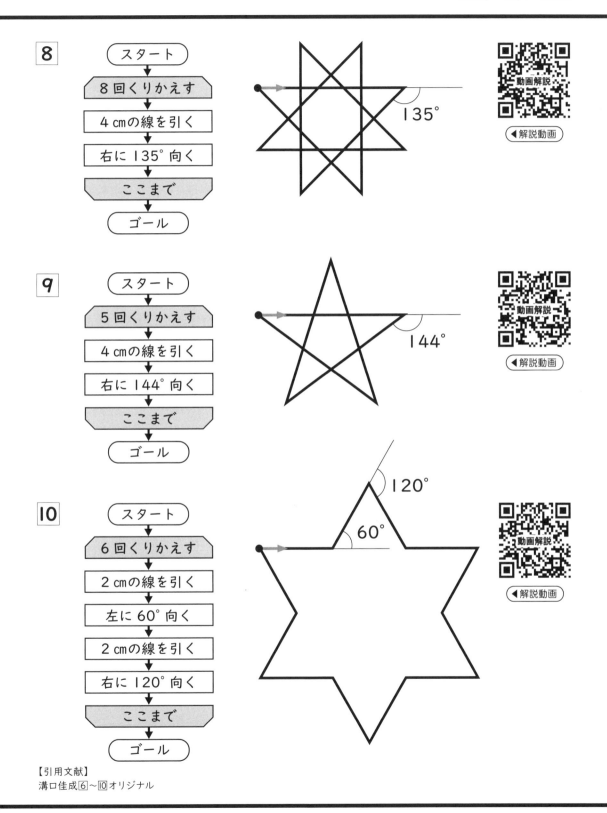

8

スタート

8回くりかえす

4cmの線を引く

右に135°向く

ここまで

ゴール

135°

動画解説

◀解説動画

9

スタート

5回くりかえす

4cmの線を引く

右に144°向く

ここまで

ゴール

144°

動画解説

◀解説動画

120°

60°

10

スタート

6回くりかえす

2cmの線を引く

左に60°向く

2cmの線を引く

右に120°向く

ここまで

ゴール

動画解説

◀解説動画

【引用文献】
溝口佳成6〜10オリジナル

難問（なんもん） No.25

【読解力を鍛える問題1】

1 あつおさん，いおりさん，かいとさんがそれぞれ色紙を持っています。あつおさんは80まい，いおりさんはあつおさんより5まい多く，かいとさんはいおりさんより7まい少なく持っています。3人のまい数を同じにするためには，いおりさんからあつおさんとかいとさんへそれぞれ何まいわたせばよいでしょうか。

答え　いおりさん→あつおさん（　　　　）まい

いおりさん→かいとさん（　　　　）まい

2 かえで君は，筆箱と消しゴムを買いました。その筆箱は消しゴムより500円高く，両方買ったら590円かかりました。筆箱と消しゴムのねだんは，それぞれいくらになりますか。

答え　筆箱（　　　　）円

消しゴム（　　　　）円

3　たろうさんとじろうさんとはなこさんが，カードを持っています。3人のカードを合わせると113まいです。たろうさんとじろうさんの2人分を合わせると70まい，たろうさんとはなこさんの2人分のカードを合わせると75まいです。3人のカードはそれぞれ何まいですか。

答え　たろうさん（　　　　　　　）まい

じろうさん（　　　　　　　）まい

はなこさん（　　　　　　　）まい

4　家族で魚つりに行きました。いつき君は妹より7ひき多くつり，弟より3びき多くつりました。3人がつった魚を合わせると20ぴきになります。いつき君，妹，弟はそれぞれなんびきつったのでしょう。

答え　いつき君（　　　　　　　）ひき

弟（　　　　　　　）ひき

妹（　　　　　　　）ひき

5　しほさんとなずなさんの持っていたお金を合わせると4500円でした。その後，しほさんは1300円，なずなさんは2200円もらったので，2人の持っているお金は同じ金がくになりました。
　2人がはじめ持っていたのはそれぞれいくらでしょう。

答え　しほさん（　　　　　　　）円

なずなさん（　　　　　　　）円

1 答え　いおりさん→あつおさん１まい
　　　　いおりさん→かいとさん３まい

あつおさんが80まいなので，いおりさんは80＋5＝85まい，
かいとさんは85－7＝78まい。
3人を合わせると80＋85＋78＝243まい，
まい数をそろえるので，ひとり当たり
243÷3＝81まい だから，
あつおさんはあと，81－80＝1まい必要。
かいとさんはあと，81－78＝3まい必要。

2 答え　筆箱545円　消しゴム45円

消しゴムのねだんを□円とすると，
筆箱のねだんは□＋500円となる。
2つを合わせると，
□＋□＋500＝590
　　　□＋□＝90
　　　　　□＝45
消しゴムは45円，筆箱は545円となる。

3 答え　たろうさん 32まい　じろうさん 38まい
　　　　はなこさん 43まい

70＋75＝145　　これは，たろうさん・じろうさん・はなこさん・たろうさんを合わせた数である。
3人を合わせると113まいなので，
145－113＝32　　たろうさんは32まいである。
70－32＝38　　　じろうさんは38まい。
75－32＝43　　　はなこさんは43まいとなる。

選＝溝口佳成（編集チーム）

4 　答え　いつき君10ぴき，弟7ひき，妹3びき

　弟や妹のつった数がいつき君と同じだとしたら，今よりも

7＋3＝10ぴきふえることになる。

20＋10＝30　30÷3＝10

いつき君は10ぴきつったことになる。

妹は10－7＝3びきつり，

弟は10－3＝7ひきつっている。

5 　答え　しほ：2700円　なずな：1800円

　2人がお金をもらった後の合計金がくは，

4500＋1300＋2200＝8000円。

　2人が同じ金がくになったので，

8000÷2＝4000円

しほさんのはじめの金がくは，　4000－1300＝2700

なずなさんのはじめの金がくは，4000－2200＝1800

【引用文献】
平間　晃① 『授業で使える新難問・良問5題1問選択システム』4年 P.27（明治図書）
篠崎孝一② 『向山型算数教え方教室』2000年12月号 P.68（明治図書）
武田俊樹③ 『向山型算数教え方教室』2005年3月号 P.70（明治図書）
古市和臣④ 『向山型算数教え方教室』2004年1月号 P.72（明治図書）
福澤真太郎⑤ 『向山型算数教え方教室』2009年2月号 P.70（明治図書）

6 つるとかめがいます。頭の数は合わせて21，足の数は合わせて66です。つるは何羽いるでしょう。

答え（　　　　　　）羽

7 オスとメスのネズミが１ぴきずついました。メスはお正月に８ぴきの子どもを産みました。子ネズミはオスが４ひきで，メスが４ひきでした。２月になると，親ネズミも４組の子ネズミも，それぞれ８ぴきずつ子どもを産みました。ネズミは全部で何びきいるでしょう。

答え（　　　　　　）ひき

8 母親と3人の子どもがいます。母親は，自分の持っているおかしの半分より２こ多く，一番上の子どもにあげました。2番目の子どもにも，残ったおかしの半分より２こ多くあげ，3番目の子どもにも，さらに残ったおかしの半分より２こ多くあげました。この時，母親の手元にはおかしが３こだけ残りました。はじめ母親は何このおかしを持っていたでしょう。

答え（　　　　　　）こ

名前（　　　　　　　　　　　　　）

9 　黒いひもは白いひもの3本分の長さです。青いひもは，白いひも10本分の長さです。赤いひもは，黒いひも4本分の長さです。青いひもと赤いひもでは，どちらが長いですか。

答え（　　　　　　）

10 　みひろくんは800円，なおみくんは300円持っています。2人とも，お父さんから同じ金がくのお金をもらい，みひろくんのお金はなおみくんの2倍になりました。2人は，お父さんからいくらもらったでしょうか。

答え（　　　　　　）円

6 答え　9羽

　21すべてつるだと考えた場合，つるは足が2本なので，
2×21＝42
しかし，66－42＝24で，あと24本分の足が足りない。そこで
何びきかはつるをかめに替える必要がある。
つるをかめに替えるには，1ぴきにつき，足を2本加えてやればよい。
24÷2＝12　なので，
12ひき分，つるをかめに替えるとうまくいく。
ぜんぶで21いるうち，12ひきがかめなので，21－12＝9
つるは9羽である。

7 答え　50ぴき

　親ネズミと子ネズミ合わせて，合計5組いる。5組がそれぞれ8ひきずつ産むので40ぴき。1月にいた10ぴきと合わせると50ぴき。

8 答え　52個

　半分よりも2個多くあげている分をもどすと，3＋2＝5
5が元の数の半分になるので，5×2＝10。
3番目の子にあげる前のお母さんのおかしは10個。
2番目の子のときも同じように考えると，2つ多くあげていた分をもどして10＋2＝12　12で半分なので，12×2＝24
2番目の子にあげる前のお母さんのおかしは24個。
1番目の子どもも同じようにして，24＋2＝26　26×2＝52
お母さんがはじめに持っていたおかしは52個。

9　答え　赤のひも

白を基準にして考える。黒は白の３倍，赤は黒の４倍なので，
3×4＝12　赤は白の12倍となる。
青は白の10倍なので，赤のひものほうが長い。

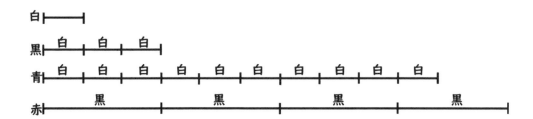

10　答え　200円

もらったお金を□円とすると，みひろくんの金額は800＋□，
なおみくんの金額は300＋□となる。
300＋□の2倍で800＋□になるのだから，式に表すと

$$(300＋□)×2＝800＋□$$
$$600＋□×2＝800＋□$$
$$□×2＝200＋□$$
$$□＝200$$

お父さんから200円もらったことになる。

【引用文献】
澤田好男 6 『向山型算数教え方教室』2001 年 4 月号 P.72（明治図書）
林　健広 7 『向山型算数教え方教室』2005 年 2 月号 P.70（明治図書）
溝口佳成 8 オリジナル
高橋賢治 9 『向山型算数教え方教室』2007 年 7 月号 P.68（明治図書）
戸井和彦 10 『向山型算数教え方教室』2000 年 7 月号 P.68（明治図書）

1　10人でじゃんけんをしました。グーを0本，チョキを2本，パーを5本とすると，出された指の数は全部で32本でした。グーを出した人は3人です。チョキとパーはそれぞれ何人だったでしょうか。

答え　チョキ→（　　　　　）人　パー→（　　　　　）人

2　月曜日は5時間目まで授業があります。教科は国語，算数，理科，社会，体育がそれぞれ1時間ずつあります。次のことをヒントに，月曜日の1〜5時間目までの時間わりを答えなさい。

①体育は算数より前にある。
②社会は国語より前にある。
③算数は社会より前にある。
④理科は4時間目にある。

答え

1	
2	
3	
4	理科
5	

3　下の3つの式の□△○には，1〜10の数のうち，それぞれちがう数が入ります。□△○にはどんな数を入れたらいいでしょう。

$$□-(△×○)=0$$
$$□×(△+○)=30$$
$$□÷(△-○)=6$$

答え　□→（　　　　　）
　　　△→（　　　　　）
　　　○→（　　　　　）

名前（　　　　　　　　　　　　　　）

4 下のように5種類の形をしたチョコレートが箱に入っていました。たてにも横にもななめにも，同じ形をしたチョコレートはならんでいません。「？」は，どの形のチョコレートなのか分かりません。たろう君は，左下のチョコレートを1こ食べました。たろう君が食べたのはどの形のチョコレートだったのでしょう。

□	△	♡	♣	◇
♡	？	◇	？	？
？	？	？	？	？
？	？	？	？	□
？	？	？	△	？

（左下のセルに「たろう君の食べたチョコレート」の吹き出し）

答え（　　　　　　　　）

5 国名クイズです。Aさん，Bさん，Cさん，Dさんはどこの国の人でしょうか。

①4人は，日本人，アメリカ人，イギリス人，フランス人である。
②Aさんは，アメリカ人ではない。
③Bさんは，フランス人ではない。
④Aさん，Dさんは，アメリカ人か日本人である。

答え　Aさん→（　　　　　　　）Bさん→（　　　　　　　）
　　　Cさん→（　　　　　　　）Dさん→（　　　　　　　）

1 答え　チョキ→1人　パー→6人

　　グーが3人ということは，チョキとパーが合わせて7人である。7人と
もパーだとすると，5×7＝35で，指の数が3本足りない。6人がパーで
1人チョキだと，5×6＋2×1＝35となるので，チョキが1人，パーが6
人となる。

2 答え　①体育　②算数　③社会　④理科　⑤国語

　　①②③の話から，順番にならべると，体育→算数→社会→国語となる。
④から4時間目に理科が入るので，
①体育　②算数　③社会　④理科　⑤国語　となる。

3 答え　□→6　△→3　○→2

　　3つ目の式から，□は6のだんのどれかと予想できる。
数は1～10のどれかなので，□は6であり，
△－○＝1から，○と△が続きの数であることが分かる。
また，1つ目の式から，△×○＝6であることも分かるので，
○＝2，△＝3となる。

出題＝高橋賢治・喜屋武　仁・桑原和彦・清水有紀・奈良　満

選＝溝口佳成（編集チーム）

4 　**答え　食べたのは「♣」**

　上から2だん目の一番右の部屋から考えるとよい。一つ
ずつわり出していくと下の図のようになる。よって，左下
が「♣」となる。

◀解説動画

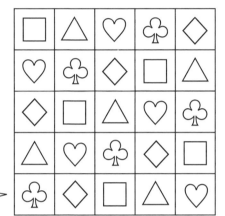

たろう君の食べた
チョコレート

5 　**答え　Aさん→日本人　　　Bさん→イギリス人**
　　　　　Cさん→フランス人　Dさん→アメリカ人

　②と④から，Aさんは日本人である。その結果，Dさんがアメリカ人と
いうことも分かる。
　残るはBさんとCさんが，イギリス人かフランス人ということになる
が，③からBさんはイギリス人となり，残ったCさんがフランス人とな
る。

【引用文献】
高橋賢治①『向山型算数教え方教室』2007年7月号 P.68（明治図書）
喜屋武仁②『教室熱中！難問1問選択システム』4年 P.95（明治図書）
桑原和彦③『教室熱中！難問1問選択システム』4年 P.129（明治図書）
清水有紀④『教室熱中！難問1問選択システム』4年 P.47（明治図書）
奈良　満⑤『向山型算数教え方教室』2002年7月号 P.72（明治図書）

難問(なんもん) No.28

【論理的思考を鍛える問題2】

6 お店に買い物に行きました。

まりかさん：「えんぴつ5本買って200円はらったら， おつりは50円だったよ。」 いつきさん：「ノートを3さつ買ったら，360円だったよ。」

このお店でえんぴつ4本とノート6さつ買ったら何円になりますか。

答え（　　　　　）円

7 １～９の数字が書かれたカード９まいをよく切り，２まい，３まい，４まいの３組に分け，よしこ，のりこ，あつこの３人が１組ずつ取りました。次の会話から，あつこが持っているカードの数をすべて答えなさい。

よしこ「わたしの持っている中で数字の一番大きなカードは ６だけど，まい数は３人で一番多いよ。」 のりこ「５を持っているのはわたし。」 あつこ「３人とも，カードに書かれた数字の合計は同じね。」

答え（　　　　　　　　）

8 外側の直径が８㎝，内側の直径が７㎝５㎜のリングを右の図のように６こつなげました。全体の長さは何㎝ですか。

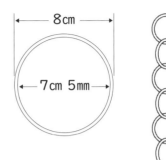

答え（　　　　　　　）㎝

9 ひろき，ゆうき，かずき，よしおの４人でカードゲームをしました。４人の話からだれが何まいとったか考えましょう。

> ひろき「ぼくとゆうきは２まいちがう。」
> ゆうき「ぼくはかずきより５まい多い。」
> かずき「４人で56まいとったね。」
> よしお「ぼくはかずきの３倍とった。」

答え　ひろき（　　　　　　　）まい　ゆうき（　　　　　　　）まい

かずき（　　　　　　　）まい　よしお（　　　　　　　）まい

10 A，B，C，Dの４つの入れ物に水が入ってます。

> ①全部合わせると１Lです。
> ②Dのかさと，ABCの３つを合わせたかさは同じです。
> ③Bのかさと，A，Cを合わせたかさは同じです。
> ④Aは１dLです。

それぞれの入れ物には何dLの水が入っているでしょう。

答え　A（　　　　　　　）dL　B（　　　　　　　）dL

C（　　　　　　　）dL　D（　　　　　　　）dL

6 答え　840円

　いつきさんの言葉から，ノート１冊の値段は360÷3＝120円。
まりかさんの言葉から，えんぴつ５本の値段は200－50＝150円。
150÷5＝30で，えんぴつ１本30円。
えんぴつ４本とノート６さつ買うので，
30×4＋120×6＝120＋720＝840　840円。

7 答え　7と8

　１から９の数字の合計は，45。あつこさんの言葉から，３人の数字の合計は等しいので，45÷3＝15。
　一人の持つカードの数字の合計は15になる。
　よしこさんはカードを４枚持ち，一番大きい数が６なので，残り３枚の合計は15－6＝9。１〜5のうち，合計が9になる３枚の組合せは，（1，2，6）（1，3，5）（2，3，4）のどれかだが，5と6はすでにのりこ，よしこが持っているので残りよしこのカードは（2，3，4）となる。
　のりこの持つカードの枚数は２枚か３枚だが，１枚は5を持っているとすると，残りの数の合計は15－5＝10。10のカードはないので，よしこの持つカードは全部で３枚。となると，あつこは2枚持っていることになる。
　あつこの，2枚で15になる組合せは，（7，8）か（6，9）のどちらかだが，よしこが「6」を持っているので，あつこの持つカードは（7，8）となる。

8 答え　45.5cm

　図のように考えると，
8＋7.5＋7.5＋7.5＋7.5＋7.5＝45.5

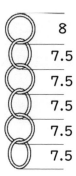

選＝溝口佳成（編集チーム）

9 　答え　ひろき11枚　ゆうき13枚　かずき8枚　よしお24枚

かずきのカードの数を□枚とすると，よしおは□＋□＋□，ゆうきは□＋5と表せる。ひろきはゆうきと2枚ちがうので，□＋3か□＋7のどちらかである。ためしに□＋7で考えると，

$$(□＋7)＋(□＋5)＋□＋(□＋□＋□)＝56$$
$$6×□＋12＝56$$
$$6×□＝44 \quad 6の段に44はない。$$

ひろきが□＋3の場合，

$$(□＋3)＋(□＋5)＋□＋(□＋□＋□)＝56$$
$$6×□＋8＝56$$
$$6×□＝48$$
$$□＝8$$

ここからひろきは11枚，ゆうきは13枚，よしおは24枚と分かる。

10　答え　A 1dL　B 2.5dL　C 1.5dL　D 5dL

③から，Aを1dLにおきかえて，B＝1＋C
②から，D＝A＋B＋Cであり，Bを1＋Cで表すと，
D＝A＋B＋C　　D＝1＋(1＋C)＋C
D＝C×2＋2　ABCD全部たすと1L（10dL）なので，
$$1＋(1＋C)＋C＋(C×2＋2)＝10$$
$$C×4＋4＝10$$
$$C×4＝6$$
$$C＝1.5$$

ここから，B＝1.5＋1＝2.5，D＝2×C＋2＝5　となる。

【引用文献】
井上和紀⑥『授業で使える新難問・良問5題1問選択システム』4年 P.74（明治図書）
⑦昭和女子大学入試問題
奈良　満⑧『向山型算数教え方教室』2002年7月号 P.72（明治図書）
小野宏二⑨『向山型算数教え方教室』2005年11月号 P.70（明治図書）
山川直樹⑩『向山型算数教え方教室』2006年11月号 P.70（明治図書）

小学4年「ちょいムズ問題」①

木村重夫

好きな問題を解きましょう。　（　）5問コース　（　）全問コース

【1】 計算しましょう。

(1) 83+27=

(2) 145−91=

(3) 81×64=

(4) 32÷6= 　　　あまり

(5) 0.8+0.6=

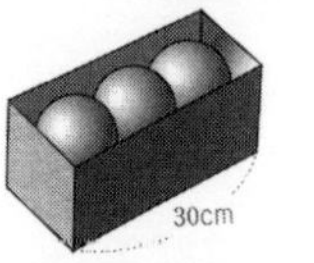

【6】 2, 4, 5, 8の4まいのカードから1まいをえらんで、かけ算にあてはめます。

右のかけ算の答えが5けたの数になるのは、□にどのカードをあてはめたときですか。カードの数をすべて答えましょう。

$$\begin{array}{r} 214 \\ \times \ \square 7 \\ \hline \end{array}$$

【2】 □にあてはまる数をかきましょう。

(1) 100を3こ、1を6こ合わせた数は、　　　です。

(2) 4508は、1000を　　こ、100を　　こ、1を　　こ合わせた数です。

【7】 ゆりさんはおり紙を30まいもっています。このおり紙を、同じ数ずつ、1人分ができるだけ多くなるように分けようと思います。

(1) 6人に分けると、1人分は何まいになりますか

式　　　　　答え

(2) 7人に分けると、1人分は何まいになって、何まいあまりますか。　　　　答え 1人分は　　まいになって　　まいあまる。

式

【3】 方がんに、図がかかれています。

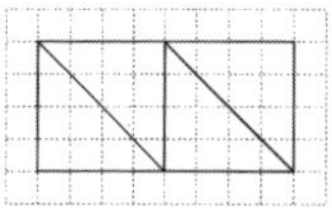

(1) 上の図の中に、直角三角形はいくつありますか。

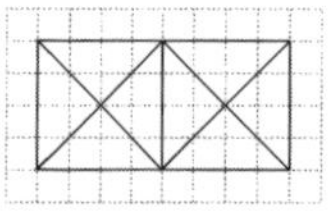

(2) 下の図の中に、いろいろな大きさの直角三角形がぜんぶでいくつありますか。

【8】 計算しましょう。

(1) 247+24=

(2) 562−37=

(3) 18÷3=

(4) 0.9−0.5=

(5) $\dfrac{3}{6} + \dfrac{2}{6} =$

【4】 地図を見て答えましょう。

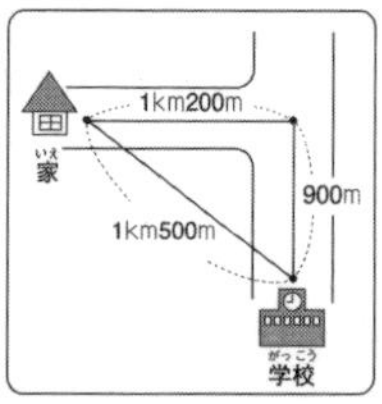

(1) 家から学校までのきょりは、何km何mですか。

　　km　　m

(2) 家から学校までの道のりは、何km何mですか。

　　km　　m

1km200m　　900m　　1km500m　　家　　学校

【9】 重さが3.5kgのすいかと、1.7kgのパイナップルがあります。

(1) すいかとパイナップルの重さは、合わせて何kgですか。

式　　　　　答え　　　kg

(2) すいかはパイナップルよりも何kg重いですか。

式　　　　　答え　　　kg

【5】 問題に答えましょう。

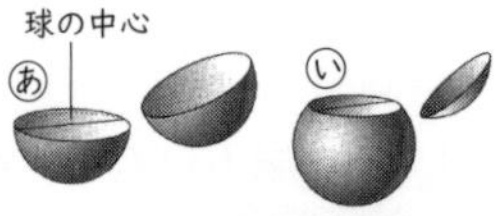

(1) 球の直径はどちらですか。あかいで答えましょう。

(2) 同じ大きさの3つのボールが右の図のようにきちんとはこに入っています。ボールの半径は何cmですか。

球の中心　　あ　　い　　30cm　　cm

【10】 ある動物園で、ふたごのパンダが4組生まれました。表は、パンダが生まれたときの体重を表しています。第1子（だいいっし）とは、ふたごのうち1番目に生まれた子です。

ふたごのパンダの生まれたときの体重

生まれた年	2003年	2006年	2008年	2010年
第1子(g)	167	196	194	158
第2子(g)	106	84	116	123

(1)第1子と第2子の体重のちがいがいちばん大きいのは、何年に生まれたパンダですか。　　　年

(2)そのときの体重のちがいは何gですか。　　　g

【解答】

【1】(1) 110　(2) 54　(3) 5184　(4) 5あまり2　(5) 1.4	【6】4、5、8
【2】(1) 306　(2)4508は1000を4こ、100を5こ、1を8こ合わせた数です。	【7】(1) 式30÷6=5 答え5まい (2) 式30÷7=4 あまり2　答え 1人分は4まいになって、2まいあまる。
【3】(1) 4（つ）　(2)18　▷8　◺8 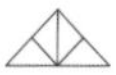　△2	【8】(1) 271　(2) 525　(3)6　(4) 0.4　(5)$\dfrac{5}{6}$
【4】(1) 1km500m　(2) 2km100m	【9】(1) 式3.5+1.7 (=5.2) 答え5.2kg (2) 式3.5−1.7 (=1.8) 答え1.8kg
【5】(1)あ　(2) 30÷3=10　10÷2=5　5cm	【10】(1) 2006年　(2) 112g (196−84=112)

小学4年「ちょいムズ問題」②

木村重夫

好きな問題を解きましょう。　(　)５問コース　(　)10問コース　(　)全問コース

【1】計算しましょう。

18＋12÷6－3×4

＝□

【2】８□７□６の□の中に「＋」「－」の記号のどちらかを入れて計算します。答えが７になるように、□に記号を入れましょう。

８□７□６＝７

【3】同じ大きさの３つのボールが、図のようにきちんと箱に入っています。ボールの直径は何cmですか。

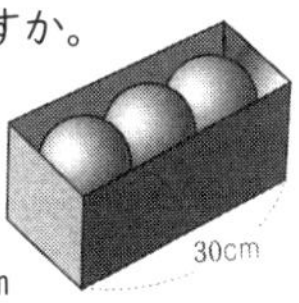
30cm

□cm

【4】●をつないでできる正三角形は全部で何こでしょう。

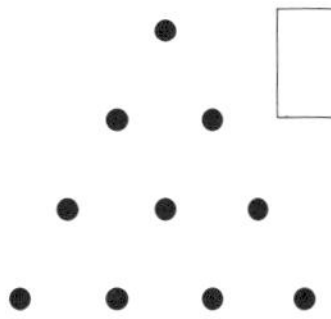

□こ

【5】けいこさんの学校の４年生全員に「姉か、妹がいるかいないか」アンケートをしました。姉がいる人は何人ですか。

		姉	
		いる	いない
妹	いる	5人	12人
	いない	9人	42人

□人

【6】けいこさんの学校の４年生全員に「姉か、妹がいるかいないか」アンケートをしました。４年生は全部で何人ですか。

		姉	
		いる	いない
妹	いる	5人	12人
	いない	9人	42人

□人

【7】１日は何秒ですか。

１日＝□秒

【8】みかさんは、ピザを２枚買ってきました。みかさんは、１枚の８分の３を食べました。お兄さんとお母さんはそれぞれ１枚の８分の４を食べ、のこりはお父さんが食べました。お父さんは１まいの何分の何を食べましたか。

□

【9】計算しましょう。

8－0.75＋3.4

＝□

【10】次の数を合計した数はいくつでしょう。

1	2	3	4	5	6	7
8	9	10	11	12	13	14
15	16	17	18	19	20	21
22	23	24	25	26	27	28
29	30	31	32	33	34	35
36	37	38	39	40	41	42
43	44	45	46	47	48	49

□

【11】たけしくんがおじいさんに年れいをたずねました。すると、おじいさんはつぎのように答えました。

わたしの年れいは、
３でわると２あまり、
５でわると３あまり、
７でわると５あまる。

おじいさんは何さいですか。□さい

【12】さとみさんは、１さつ110円のノートを５さつと、１本40円のえんぴつを６本買って、代金を1000円さつ１まいではらいました。
おつりをもとめる式を１つの式で表しましょう。

□

【13】[2]、[4]、[5]、[8]の４枚のカードから１枚をえらんで、下のかけ算にあてはめます。答えが４ケタの数になるのは、□にどのカードをあてはめたときですか。

　125
×　□

【14】□にあてはまる数をかきましょう。

1kg40g＝□g

【15】黒い部分の面積を求めましょう。

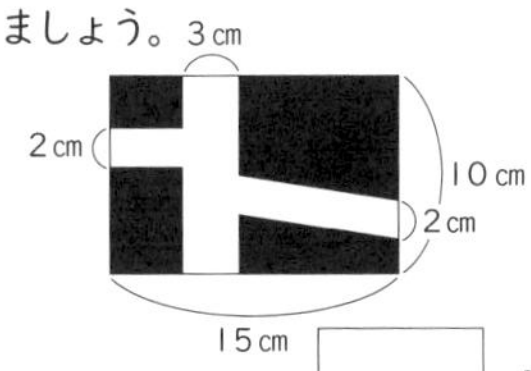
3cm
2cm
10cm
2cm
15cm

□cm²

【16】★や◆はある計算のきまりです。

3★4＝(3＋4)×2
2◆6＝(2＋6)÷2

このとき、つぎの計算をしましょう。

(1★5)◆8＝□

【17】計算しましょう。

　1 2 3 4 5 6 7 9
×　　　　　　 2 7

□□□□□□□□
□□□□□□□□
□□□□□□□□□

【18】図形の面積を求めましょう。

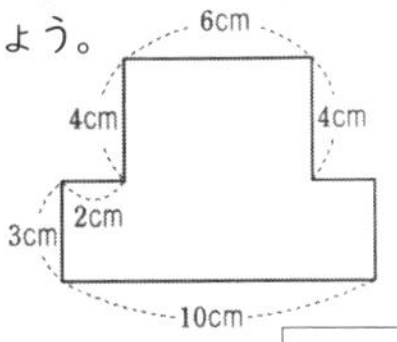
6cm
4cm
4cm
2cm
3cm
10cm

□cm²

【19】34人の子どもが５人ずつ長いすにすわります。いすは何きゃくいりますか。

□きゃく

【20】下の図の中に、正方形が何こありますか。

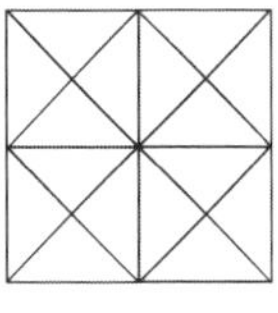

□こ

【解答】

【1】8	【2】8[－]7[＋]6＝7	【3】10cm	【4】15こ
【5】14人 (5＋9＝14)	【6】68 (5＋9＋12＋42＝68)	【7】86400秒 60秒×60分×24時間	【8】$\frac{5}{8}$
【9】10.65	【10】1225 (中央の数は全部の数の平均なので25×49＝1225)	【11】68さい	【12】 1000－(110×5＋40×6) 別解1000－110×5－40×6
【13】8 (125×8＝1000)	【14】1040	【15】96cm²(白い部分をなくすと縦8cm×横12cm)	【16】10
【17】333333333	【18】54cm²	【19】式34÷5＝6 あまり4 答え7きゃく	【20】10こ

小学4年「ちょいムズ問題」③

木村重夫

好きな問題を解きましょう。　（　）5問コース　（　）10問コース　（　）全問コース

【1】計算しましょう。 $(3 \times 7 + 9) \div 15 = \boxed{}$	【2】あといに入る数は何ですか。 $\begin{array}{r} 3\,い \\ あ\,8\,\overline{)\,6\,3\,0} \\ 5\,4 \\ \hline 9\,0 \\ 9\,0 \\ \hline 0 \end{array}$ あ $\boxed{}$　い $\boxed{}$	【3】下の図のように竹ひごを使って正方形を作り、横にならべていきます。正方形を6こ作るとき、竹ひごは何本使いますか。 $\boxed{}$ 本	【4】下の図のように竹ひごを使って正方形を作り、横にならべていきます。竹ひごが37本あります。正方形は何こ作ることができますか。 $\boxed{}$ こ
【5】重なった形全体の面積は何cm²ですか。 $\boxed{}$ cm²	【6】 千に千をかけた数は $\boxed{}$ です。	【7】時計の長い針（はり）が20分間にまわる角の大きさは何度ですか。 $\boxed{}$ 度	【8】計算しましょう。 $10 - 4.6 + 2.2 = \boxed{}$
【9】 300000cm²は $\boxed{}$ m²です。	【10】次の数を四捨五入して、上から3けたのがい数にしましょう。 783596 約 $\boxed{}$	【11】計算しましょう。 3456÷108 = $\boxed{}$	【12】方がんの1めもりは2cmです。次の形の面積を求めなさい。 $\boxed{}$ cm²
【13】正方形の中にぴったりと入る円をかきました。この正方形のまわりの長さは何cmですか。 $\boxed{}$ cm	【14】下のようなお金があります。130円のチョコレートを買いました。おつりをできるだけ少なくするには、お金をどのように出したらよいですか。 $\boxed{}$	【15】みきさん、しのぶさん、ともひろさんの3人は、折りづるをあわせて80羽折りました。しのぶさんはみきさんより4羽多く折り、ともひろさんはしのぶさんより6羽多く折りました。みきさんが折った折りづるは何羽ですか。 $\boxed{}$ 羽	【16】 1.5は0.1を $\boxed{}$ こ集めた数です。
【17】 10億より1000小さい数は $\boxed{}$ です。	【18】計算しましょう。 $(65 - 20) \div (27 \div 3)$ = $\boxed{}$	【19】ある数を17でわったら、商は12であまりが8になりました。ある数はいくつですか。 $\boxed{}$	【20】斜線の部分の面積を求めましょう。 $\boxed{}$ m²

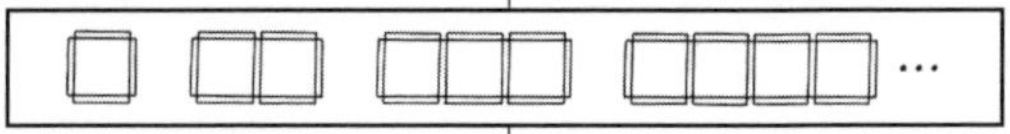

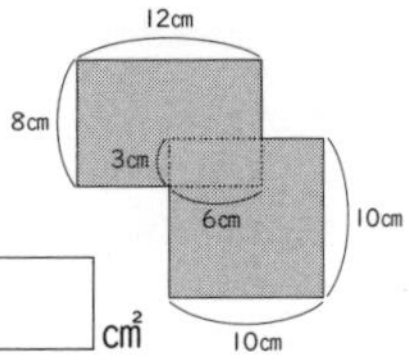

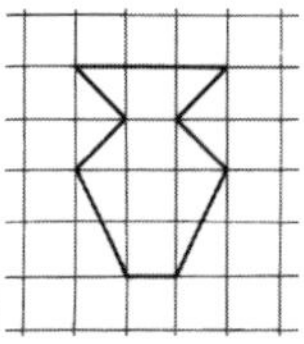

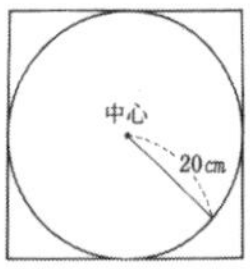

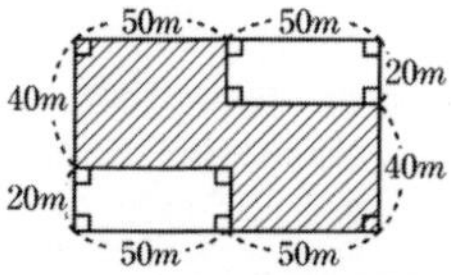

【解答】

【1】2	【2】あ…1　い…5	【3】19本	【4】12こ
【5】178cm²	【6】1000000 （100万または百万）	【7】120度	【8】7.6
【9】30m²	【10】約784000	【11】32	【12】32cm² （4×8=32）
【13】160cm	【14】100円玉1こと 50円玉1こ	【15】22羽	【16】15こ
【17】999999000	【18】5	【19】□÷17=12…8 17×12+8=212	【20】4000m²

小学4年「ちょいムズ問題」④

木村重夫

好きな問題を解きましょう。　（　）5問コース　（　）10問コース　（　）全問コース

【1】三角じょうぎを組み合わせました。 あの角の大きさは何度ですか。 □ 度 いの角の大きさは何度ですか。 □ 度	【2】計算しましょう。 　1000 －　　63	【3】下のような形をした畑があります。面積は何㎡ですか。 30m 30m 20m 50m □ ㎡	【4】たて2cm、横6cmの長方形を4まい使って下のような形を作りました。四角形アイウエのまわりの長さは何cmになりますか。 □ cm
【5】計算しましょう。 　309 ×　403	【6】下のようなつみ木をぜんぶ使って、つみ上げます。 3cm 5cm 2cm 3cm 4cm いちばん高くつんだ時の高さは何cmですか。 □ cm	【7】下のようなつみ木をぜんぶ使って、つみ上げます。 5cm 4cm 3cm 5cm 7cm いちばん低くつんだ時の高さは何cmですか。 □ cm	【8】直径4cmのボールを、図のようにつつの中にきちんと入れました。つつの長さは何cmですか。 □ cm
【9】右の図のようなドッジボールのコートがあります。まわりの長さは何mですか。 6m 8m □ m	【10】図1 → 図2 図1の図形を何回か折って、図2の図形を作ります。何回折ればできますか。（なるべく少なく折るとします） □ 回	【11】図1 → 図2 図1の図形を何回か折って、図2の図形を作ります。何回折ればできますか。（なるべく少なく折るとします） □ 回	【12】ある年の1月のカレンダーです。 次の月の2月12日は何曜日ですか。 □ 曜日
【13】図のように1辺50mの正方形の花だんがあります。しゃ線の部分はしばふです。しばふの面積は何㎡ですか。 6m 50m 15m 20m 50m 20m □ ㎡	【14】ぼうグラフは昼休みにしたい遊びを表しています。 サッカーの希望者は、なわとびの希望者の何倍ですか。 □ 倍	【15】わりきれるまで計算しましょう。 72)324	【16】長方形の中に、半径3mの円を3つかきました。円の中心アからウまでの長さは何mですか。 □ m
【17】8月は、交通事故の発生件数の多い月から何番目ですか。 子どもの月別の交通事故発生件数（東京都）（平成2年） □ 番目	【18】計算しましょう。 9.56－0.882 ＝ □	【19】右のようなひし形をした土地があります。 110° 70° ア 16m ①アの角の大きさは何度ですか。 □ 度 ②まわりの長さは、何mですか。 □ m	【20】計算しましょう。 $3 - 1\frac{7}{12} =$ □

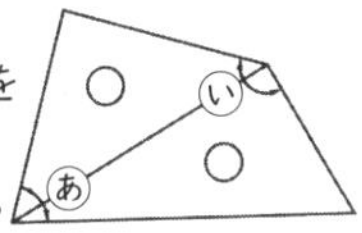

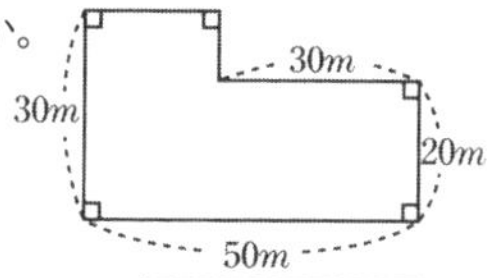

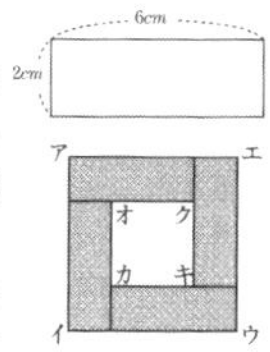

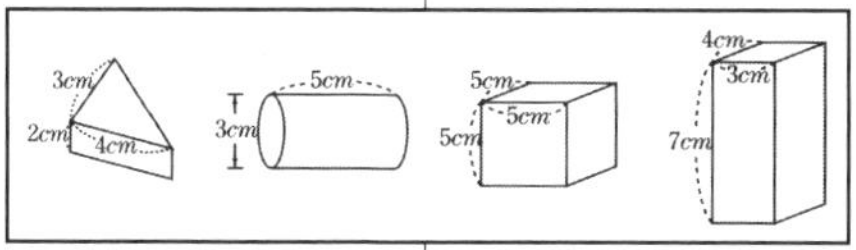

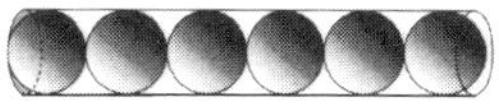

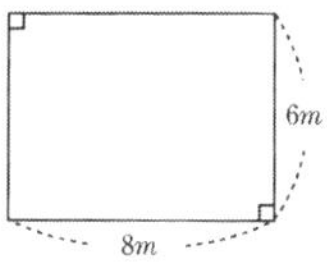

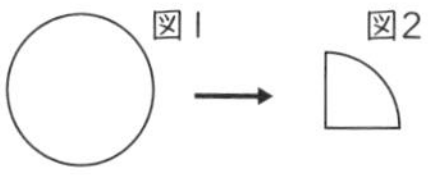

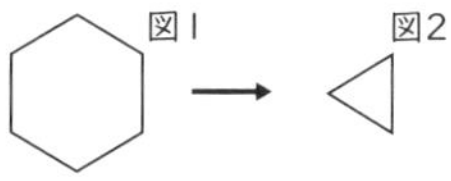

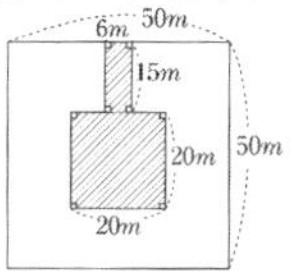

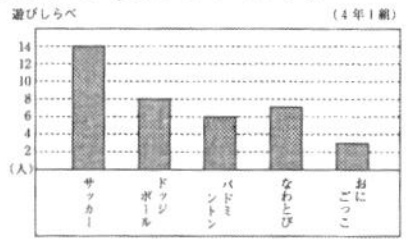

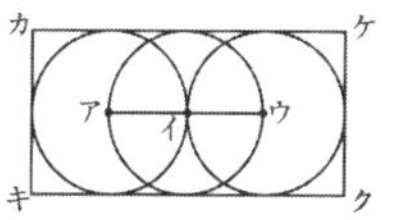

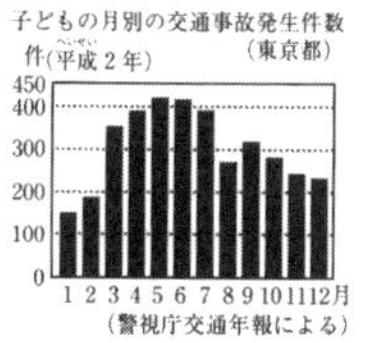

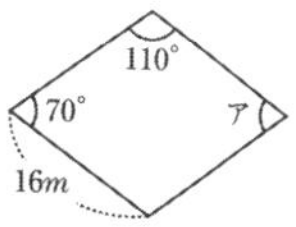

【解答】

【1】あ　45＋30＝75（度） 　　い　45＋90＝135（度）	【2】937	【3】例 たてに2つに分ける 30×20＋30×20＝1200 答え1200㎡	【4】8×4＝32 答え32cm
【5】124527	【6】4＋5＋5＋7＝21 答え21cm	【7】2＋5＋5＋3＝15 答え15cm	【8】4×6＝24 答え24cm
【9】6×2＋8×2＝28（m）	【10】2回	【11】3回	【12】木曜日
【13】15×6＋20×20＝490 答え490㎡	【14】14÷7＝2 答え2倍	【15】4.5	【16】3×2＝6　答え6m
【17】8番目	【18】8.678	【19】① 70度 ② 16×4＝64（m）	【20】$1\frac{5}{12}$

あとがき 〈4年算数＋難問〉

5問選択だけじゃない、もう一つの難問の授業

　自分が「難問」の授業を知ったのは、今から10数年前、はじめて算数の少人数指導を担当した時のことでした。木村重夫先生の著書の中にある1問を黒板に書いて子ども達に挑戦させたのです。

> ・　・　・　・
> ・　・　・　・　　16個ある点のうち4つを結んで四角形を作るとき、
> ・　・　・　・　　正方形は何通りできますか。
> ・　・　・　・

　子ども達は、面白そうと感じ、熱中しながら問題を解きます。ですが、なかなか正解は出ません。しばらくして、算数の良くできる子が、小さい正方形だけでなく大きい正方形も書いて持ってきました。14個。それでもまだ正解は出ません。

　またしばらくして、別の子が、斜めにした正方形も見つけたと持ってきました（右図）。黒板に書いて、みんなに見せます。教室からは歓声が上がりました。しかしこれでも、まだ正解ではありません。その子は悔しそうな顔をしながらも、再び果敢に取り組んでいました。

　待つこと10数分。残念ながらチャイムが鳴り、そこで打ち切りとなり、休み時間に入りました。その中で、まだ一人、問題とにらめっこしている女の子がいました。その子の紙は、何本も線を引いて消した跡があります。一生懸命考えている様子がよく分かりました。その子が、ある瞬間、なんともなし1本の線を引いたのです（左図）。その子の顔が、ハッとした表情になりました。正解に気づいたのでしょう、次々と線を引いていきます（右図）。

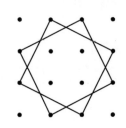

　他の子が思い思いに過ごす中で、その子が、「できた！」と大きな声を上げ、その子の周りにあっという間に人だかりができました。「できたの!?」「まじで!?」「すげー!!」教室があっという間に歓喜の渦に包まれました。その子がヒーローになった瞬間でした。

　子どもが熱中して取り組み、何度間違えてもくじけずに挑戦し、教室で逆転現象の起こる難問。この日以来、自分は難問のとりことなり、シリーズを買いそろえ、機会あるごとに子ども達に出すようになりました。あれから10数年たちますが、どの学級でも毎回、熱中の手ごたえを感じています。

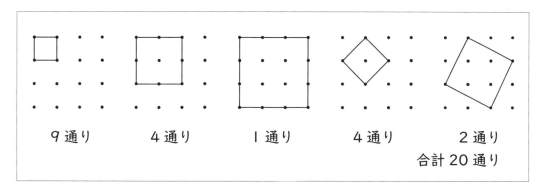

9通り　　　4通り　　　1通り　　　4通り　　　2通り

合計20通り

　難問を授業で取り扱う場合、5問の中から1問を選択して解かせるという方法がありますし、この例のように、1問だけを取り上げて扱う場合もあります。授業が早く終わってちょっとしたすき間時間ができた時や、単元の学習を一通り終えて、少し難しめの発展的な問題を出したいなという時などに、1問だけを取り扱う難問の授業にも取り組んでみてはいかがかと思います。

　おすすめは、図形の問題。計算や複雑な文章の問題よりも取り掛かりやすく、かつ、実感として逆転現象の起こりやすいのが図形の問題でした。ぜひ、5問選択の難問授業と合わせて、1問だけの難問の授業も教室で実践してみてください。

　今回、新しい難問シリーズの作成にあたり、まずチームで考えたのは様々なジャンルの問題をとりあげるということでした。そのためには、これまでにどんな算数の問題が世に出ているのかを調べつくさねばなりません。過去2つの難問シリーズに掲載された問題はもとより、「教室ツーウェイ」をはじめとする難問の原稿、算数パズル問題集のような市販の問題集、難関私立中学の過去問など、ありとあらゆる問題にあたりました。その結果、1300問以上の問題にあたることができました。

　その後、全ての問題をカテゴリ分けして整理し、バランスを考えながら配置し、難問を制作していきました。できた問題もチームで回し合いながらくりかえしチェックをしていきます。完璧に作ったように感じた問題でも、他の人が別解を示してきた時もたくさんあります。何度も校正に校正を重ね、やっと一つの本が出来上がりました。ぜひ、皆様の学級でお役に立てていただければと思います。

　最後に、編集の機会を与えてくださった木村重夫先生、多大なご助言や励ましのお言葉をいただきました学芸みらい社の樋口雅子様、難問シリーズの出版を認め、応援してくださった向山洋一先生、本当にありがとうございました。

　2020年10月30日

溝口佳成

◎編著者紹介

木村重夫 （きむら　しげお）

1983年　横浜国立大学卒業
埼玉県公立小学校教諭として34年間勤務
2018年〜現在　日本文化大学講師
TOSS埼玉代表、TOSS祭りばやしサークル代表
〈著書・編著〉
『成功する向山型算数の授業』『続・成功する向山型算数の授業』
『算数の教え方には法則がある』『教室熱中！難問1問選択システム』1〜6年（明治図書）
〈共同開発〉
『うつしまるくん』（光村教育図書）『向山型算数ノートスキル』（教育技術研究所）

溝口佳成 （みぞぐち　よしなり）

1981年（昭和56年）滋賀県生まれ
2002年　滋賀大学教育学部卒業
彦根市立平田小学校、湖南市立石部小学校、湖南市立菩提寺小学校、
湖南市立下田小学校に勤務
湖南教育サークル八方手裏剣代表

湖南教育サークル八方手裏剣

滋賀県湖南地域を中心に活動する教育サークル
結成は2008年
月に1回程度、模擬授業やレポート検討を通して
実践交流をはかり、教師力向上のために
日々研鑽を積んでいる

若井貴裕
滋賀県公立小学校教諭

編集協力
前田洋志
奈良県私立学校教諭

教室熱中！ めっちゃ楽しい
算数難問1問選択システム
4巻　中級レベル2＝小4相当編

GAKUGEI
MIRAISHA

2021年2月15日　初版発行
2022年6月20日　第2版発行
2024年8月25日　第3版発行

編著者　木村重夫
　　　　溝口佳成＋湖南教育サークル八方手裏剣
発行者　小島直人
発行所　株式会社学芸みらい社
　　　　〒162-0833　東京都新宿区箪笥町31番 箪笥町SKビル3F
　　　　電話番号 03-5227-1266
　　　　https://www.gakugeimirai.jp/
　　　　E-mail : info@gakugeimirai.jp
印刷所・製本所　藤原印刷株式会社
企　画　樋口雅子
校　閲　板倉弘幸
校　正　菅　洋子
本文組版・ブックデザイン　小沼孝至

ISBN978-4-909783-55-4 C3037

教室熱中！ めっちゃ楽しい
算数難問 1問選択システム

うーん、難しい。 出来そう！ 出来た！

動画のマスコット「ライオンくん」（作：山戸 麦）

● 木村重夫＝責任編集
☆B5版・136頁平均・本体2,300円（税別）

1巻 初級レベル1＝小1相当編
堂前直人＋TOSS/Lumiere

2巻 初級レベル2＝小2相当編
中田昭大＋TOSS流氷

3巻 中級レベル1＝小3相当編
松島博昭＋TOSS CHANCE

4巻 中級レベル2＝小4相当編
溝口佳成＋湖南教育サークル八方手裏剣

5巻 上級レベル1＝小5相当編
岩田史朗＋TOSS金沢

6巻 上級レベル2＝小6相当編
林 健広＋TOSS下関教育サークル

別巻 数学難問＝中学・高校レベル相当編
星野優子・村瀬 歩＋向山型数学研究会

デジタル時代に対応！ よくわかる動画で解説

　各ページに印刷されているQRコードからYouTubeの動画にすぐにアクセスできます。問題を解くポイントを音声で解説しながら、わかりやすい動画で解説します。授業される先生にとって「教え方の参考」になること請け合いです。教室で動画を映せば子どもたち向けのよくわかる解説になります。在宅学習でもきっと役立つことでしょう。

教科書よりちょっぴり難しい「ちょいムズ問題」

　すでに学習した内容から、教科書と同じまたはちょっぴり難しいレベルの問題をズラーッと集めました。教科書の総復習としても使えます。20問の中から5問コース・10問コース・全問コースなどと自分のペースで好きな問題を選んで解きます。1問1問は比較的簡単ですが、それがたくさん並んでいるから集中します。

子ども熱中の難問を満載！

　本シリーズは、子どもが熱中する難問を満載した「誰でもできる難問の授業システム事典」です。みなさんは子どもが熱中する難問の授業をされたことがありますか？ 算数教科書だけで子ども熱中の授業を作ることは高度な腕を必要とします。しかし、選び抜かれた難問を与えて、システムとして授業すれば、誰でも子ども熱中を体感できます。

これが「子どもが熱中する」ということなんだ！

　初めて体験する盛り上がりです。時間が来たので終わろうとしても「先生まだやりたい！」という子たち。正答を教えようとしたら「教えないで！　自分で解きたい！」と叫ぶ子たち。今まで経験したことがなかった「手応え」を感じることでしょう。

授業の腕が上がる新法則シリーズ　全13巻

監修：谷 和樹（玉川大学教職大学院教授）

新指導要領対応！

新教科書による「新しい学び」時代、幕開け！
2020年度からの授業スタイルを「見える化」誌面で発信！

4大特徴

| 基礎単元＋新単元をカバー | 授業アイデア＆スキル大集合 |
| 授業イメージ、一目で早わかり | 新時代のデジタル認識力を鍛える |

◆「国語」授業の腕が上がる新法則
村野 聡・長谷川博之・雨宮 久・田丸義明 編
978-4-909783-30-1　C3037　本体1700円（＋税）

◆「社会」授業の腕が上がる新法則
川原雅樹・桜木泰自 編
978-4-909783-32-5　C3037　本体1700円（＋税）

◆「算数」授業の腕が上がる新法則
木村重夫・林 健広・戸村隆之 編
978-4-909783-31-8　C3037　本体1700円（＋税）

◆「理科」授業の腕が上がる新法則※
小森栄治・千葉雄二・吉原尚寛 編
978-4-909783-33-2　C3037　本体2400円（＋税）

◆「生活科」授業の腕が上がる新法則※
勇 和代・原田朋哉 編
978-4-909783-41-7　C3037　本体2500円（＋税）

◆「音楽」授業の腕が上がる新法則
関根朋子・中越正美 編
978-4-909783-34-9　C3037　本体1700円（＋税）

◆「図画工作」授業の腕が上がる新法則
　1〜3年生編※
酒井臣吾・谷岡聡美 編
978-4-909783-35-6　C3037　本体2400円（＋税）

◆「図画工作」授業の腕が上がる新法則
　4〜6年生編※
酒井臣吾・上木信弘 編
978-4-909783-36-3　C3037　本体2400円（＋税）

◆「家庭科」授業の腕が上がる新法則
白石和子・川津知佳子 編
978-4-909783-40-0　C3037　本体1700円（＋税）

◆「体育」授業の腕が上がる新法則
村田正樹・桑原和彦 編
978-4-909783-37-0　C3037　本体1700円（＋税）

◆「道徳」授業の腕が上がる新法則
　1〜3年生編
河田孝文・堀田和秀 編
978-4-909783-38-7　C3037　本体1700円（＋税）

◆「道徳」授業の腕が上がる新法則
　4〜6年生編
河田孝文・堀田和秀 編
978-4-909783-39-4　C3037　本体1700円（＋税）

◆「プログラミング」授業の腕が上がる新法則
許 鍾萬 編
978-4-909783-42-4　C3037　本体1700円（＋税）

各巻A5判並製
※印はオールカラー

激動する社会の変化に対応する教育へのパラダイムシフト ── 谷 和樹

　PBIS（ポジティブな行動介入と支援）というシステムを取り入れているアメリカの学校では「本人の選択」という考え方が浸透しています。その時の子ども本人の心や体の状態によって、できることは違います。それを確認し、あくまでも本人にその時の行動を選ばせるという方法です。これと教科の指導とを同じに考えることはできないかも知れません。しかし、「本人の選択」を可能にする学習サービスが世界的に広がり、増え続けていることもまた事実です。

　また、写真、動画、Webページなど、全教科のあらゆる知識をデジタルメディアで読む機会の方が多くなっているのが今の社会です。そうした「デジタル読解力」について、今の学校のカリキュラムは十分に対応しているとは言えません。

　子どもたち「本人の選択」を保障する考え方、そして幅広い「デジタル読解力」を必須とする考え方を公教育の中で真剣に考える時代が到来しつつあります。

　本書ではこうしたニーズにできるだけ答えたいと思いました。

　本書の読者のみなさんの中から、そうした問題意識をもち、一緒に研究を進めていただける方がたくさん出てくださることを心から願っています。

創刊記念1号

【特集】〈超有名授業30例〉
アクティブ・ラーニング先取り体験！
【ミニ特集】発達障がい児のアクティブ・
ラーニング指導の準備ポイント

A5判 並製：172ページ
定価：1500円+税
ISBN-13：978-4908637117

創刊2号

【特集】やりぬく、集中、忍耐、対話、創造…
“非認知能力”で激変！子どもの学習態度50例！
【ミニ特集】
いじめ —— 世界で動き出した新対応

A5判 並製：172ページ
定価：1500円+税
ISBN-13：978-4908637254

3号

【特集】移行措置への鉄ペキ準備
新指導要領のキーワード100
【ミニ特集】
いじめディープラーニング

A5判 並製：172ページ
定価：1500円+税
ISBN-13：978-4908637308

4号

【特集】“合理的配慮”ある
年間プラン&レイアウト63例
【ミニ特集】アクティブ型学力の計測と
新テスト開発の動向

A5判 並製：172ページ
定価：1500円+税
ISBN-13：978-4908637414

5号

【特集】“学習困難さ状態”
変化が起こる授業支援60
【ミニ特集】2学期の荒れ——
微細兆候を見逃さないチェック法

A5判 並製：168ページ
定価：1500円+税
ISBN-13：978-4908637537

6号

【特集】「道徳教科書」
活用考える道徳授業テーマ100
【ミニ特集】“小学英語”
移行措置=達人に聞く決め手！

A5判 並製：176ページ
定価：1500円+税
ISBN-13：978-4908637605

7号

【特集】教科書の完全攻略・
使い倒し授業の定石59！
意外と知らない教科書の仕掛けを一挙公開。
【ミニ特集】クラッシャー教師の危険

A5判 並製：180ページ
定価：1600円+税
ISBN-13：978-4908637704

8号

【特集】「主体的学び」に直結！
熱中教材・ほめ言葉100
新指導要領を教室で実現するヒント
【ミニ特集】教育改革の新しい動き

A5判 並製：172ページ
定価：1600円+税
ISBN-13：978-4908637872

9号

【特集】「通知表の評価言—
AL的表記への変換ヒント」
【ミニ特集】学校の働き方改革
—教師の仕事・業務チェック術

A5判 並製：156ページ
定価：1600円+税
ISBN-13：978-4908637995

10号

【特集】黄金の授業開き
おもしろ導入クイズ100選
【ミニ特集】プロに聞く
“校内研修テーマ”の最前線

A5判 並製：156ページ
定価：1600円+税
ISBN-13：978-4908637117

11号

【特集】2~3学期の超難単元
楽しくトライ！授業アイデア50
【ミニ特集】東京オリ・パラ
=子どもに語るエピソード10

A5判並製：164ページ
定価：1600円+税
ISBN-13：978-4909783158

12号

【特集】「教え方改革」
新年度計画　働き方連動プラン54
【ミニ特集】子供に入る
“学級開き決意表明”シナリオ例

A5判並製：168ページ
定価：1600円+税
ISBN-13：978-4909783264